山东省社会科学规划项目（编号：15CJJJ29）

街道设施整合化设计
与
城市旅游形象提升

Integrated design of street facilities and
promotion of urban tourism image

王洋　张平青　著

中国社会科学出版社

图书在版编目（CIP）数据

街道设施整合化设计与城市旅游形象提升/王洋，张平青著.—北京：中国社会科学出版社，2016.10

ISBN 978 – 7 – 5161 – 8703 – 6

Ⅰ.①街… Ⅱ.①王… ②张… Ⅲ.①基础设施建设—关系—城市旅游—旅游业—形象—研究—中国 Ⅳ.①F299.24②F592

中国版本图书馆 CIP 数据核字（2016）第 182761 号

出 版 人	赵剑英	
责任编辑	刘晓红	
责任校对	周晓东	
责任印制	戴　宽	

出　　版	中国社会科学出版社	
社　　址	北京鼓楼西大街甲 158 号	
邮　　编	100720	
网　　址	http：//www.csspw.cn	
发 行 部	010 – 84083685	
门 市 部	010 – 84029450	
经　　销	新华书店及其他书店	

印刷装订	北京君升印刷有限公司	
版　　次	2016 年 10 月第 1 版	
印　　次	2016 年 10 月第 1 次印刷	

开　　本	710 × 1000　1/16	
印　　张	16	
插　　页	2	
字　　数	242 千字	
定　　价	59.00 元	

前　言

　　为什么国内游客到欧洲旅游愿意去城市，而外国游客来中国旅游更愿意去自然风景区，这从一个侧面反映出中国城市旅游形象的缺失。城市是人类经济、政治、文化等社会活动的产物，在此基础作用下产生的社会公众对某个城市认知的印象总和便称为城市旅游形象，说到城市旅游形象免不了要牵扯到城市建设，它既是环境问题，也是哲学问题，更是文明问题。从物质建设的角度出发，生活在当今城市里人们因环境意识的觉醒，对于城市生态与生态环境的要求普遍提高，改善这些内容是提升城市整体形象的直观体现。对于城市旅游形象的设计是与城市规划、城市旅游、城市设计密切相关，它不仅表现在旅游景区建设方面，还包括了建筑设计、街道设施设计、公共艺术设计、工程技术、环境科学、传播学、营销学等综合的、多学科交叉的设计系统。其中街道设施与市民或旅游者的接触最为广泛，只要进入到城市公共空间的人们就会与各种街道设施打交道，因此功能性设计是其最初的体现，但随着街道设施功能的不断完善，人们对于它的文化性和艺术性追求便越发强烈，于是它已不仅仅是满足人们使用的需求，而是上升到体现一种城市旅游形象的重要元素。

　　由于社会的发展、交通便利、旅游业火爆等因素使参与公共空间活动的人群不仅包括本城市居民还包括外地的游客，涉及了不同地区、不同国家、不同职业等人群。当我们走在大街上、漫步在公园中或行驶在公路上，街道设施随处可见，如城市指示标识、行政设施、信息设施、卫生设施、文化设施、交通设施、绿化设施等，这些都成为城市空间组成的重要部分，并在公共空间中满足人们各种生活需要以及城市的发展。如果说风景名胜、建筑、道路等是城市旅游形象整体水平的体现，那么街道设施就是城市旅游形象细节的传达。正所谓"细节决定成败"，街道设施正是从"细节"的角度来提升城市旅游形象的。

截至 2014 年，全国已评选出 339 个优秀旅游城市。随着国内旅游业和城市旅游经济的快速发展，城市旅游形象研究也已成为目前我国城市旅游形象研究中探索得比较多的新热点问题之一。在这新一轮的竞争中，城市面临着如何在全国众多其他城市中形成自己的城市旅游形象定位和形象塑造的问题，很多城市通过修建标志建筑、大型休闲广场、大型公园景区等手段来达到提升城市影响和旅游形象的目的，投入巨大、耗费时间长，虽然有一定的效果，但更多的结果却不尽如人意。城市资金是有限的，如何优化资金配置、最有效地改善城市旅游形象是城市旅游形象设计的意义所在。如果能找到一种投入少、耗时短、效率高而且能对城市整体旅游形象塑造产生良好作用的方式就有着重要的现实意义。街道设施作为城市空间的要素之一，是城市旅游形象形成过程中不可缺少的一部分。通过对城市街道设施的整合化设计研究，将其纳入城市旅游形象系统的构建之中，对当前国内的城市旅游形象建设具有一定的指导意义。

本书是 2015 年度山东省社会科学规划研究项目·一般项目（编号：15CJJJ29）的资助成果，同时也得到了烟台南山学院旅游管理省级优势特色专业的经费支持，由项目组烟台南山学院王洋和张平青两位老师共同主持完成。本项目拟通过对国内外部分城市街道设施的调研分析，结合城市意象、认知心理学等理论阐明这些街道设施在城市旅游形象生成过程中的重要性，进而对街道设施构成、分类以及目前存在的问题进行分析，提出城市街道设施整合设计的可行性和组合方式。另外结合城市旅游经济发展的需求，从经营城市的角度，以发展的眼光，研究如何通过新的街道设施整合化设计策略，提供一种新的低投入、高情感、高效率的城市旅游形象快速提升手法，为城市旅游经济的发展提供一个良好的环境。

对于本书的撰写笔者虽尽心为之，但因受个人学识及时间所限，书中难免会有很多欠妥与疏漏之处，对一些观点和问题的见解也可能会有失偏颇，敬请广大专家、学者批评指正。同时，我们参考的相关著作、论文等文献，在写作过程中已尽量标明出处，但难免挂一漏万，对此深表谢意！

王洋　张平青

2016 年 9 月于南山

目　录

第一章　绪论

第一节　课题研究背景

在当今这样一个所谓的"眼球经济"时代，"形象"已成为备受注目的焦点。小到个人、企业，大到城市、地区和国家，都存在一个形象问题。随着旅游业的快速发展，特别是城市旅游的进一步发展，城市旅游形象研究也已成为目前我国城市形象与城市旅游研究中探索得比较多的问题之一，特别是现代城市旅游研究的新热点。

街道设施作为一门城市公共环境艺术，它对塑造一个旅游城市的形象特征、历史文脉乃至精神灵性等都具有重要作用，它是社会发展的需要，并成为衡量地区或城市文明发展程度的一个不可或缺的参照系。适宜的街道设施形象对于营造良好的城市文化氛围和塑造富有特色的城市旅游形象具有极大的促进作用。

一　城市旅游形象研究问题的提出

著名旅游学家费克耶和克朗普顿（Fakeye and Crompton）把形象分为三类：原生形象、引致形象与复合形象。旅游形象的形成过程如图 1-1 所示。

一个旅游者在未决定旅游之前，头脑中即已有由经历或教育形成的对各个旅游城市的形象，此为原生形象；一旦有了旅游动机，他就会有意识地收集可选目的地的信息，并对之加工、比较和选择，从而形成引致形象。前者的形成来自非旅游性的交流，如电影传媒、报刊书籍及电脑网络，是内生的；而后者则通过外部一系列的广告、宣传推动形象的产生，在此基础上，到目的地实地旅行后，通过自己的经

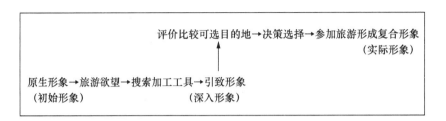

图1-1 城市旅游形象形成过程

历，结合以往的知识形成一个更综合的复合形象。

目前在我国大部分地区，城市旅游形象设计还基本停留在传统历史文化沿革＋民间口碑的状态。虽然建立了原生形象的形成基础，但在运用引致媒介（如广告、新闻等）塑造形象方面尚存欠缺。此外，形象的塑造主要通过产品服务、公关宣传两大工具加以实现，而产品服务又对复合形象的形成具有决定性的作用。因此，在各地加大旅游宣传投入的同时，必须切实保障旅游产品服务的质量。

我国城市旅游的发展大体经历了四个阶段，即资源导向阶段、市场导向阶段、产品导向阶段、形象导向阶段。

（一）资源导向阶段

第一阶段是城市旅游业的兴起阶段，在改革开放初期，由于长期封闭造成的神秘性，使我国骤然成为国际旅游的热点，形成了短暂的卖方市场。在这一时期，城市旅游的发展主要是依托我国旅游资源丰富的储量，以资源赢得游客，当时商品经济和市场观念尚未形成，旅游市场处于卖方市场，发展旅游的出发点往往根据城市旅游资源的数量和质量来确定旅游区（点）的建设和有关旅游设施的配套等内容。这个阶段的城市旅游只能在一些特殊的城市得到重视和发展，如山水城市桂林、历史古都西安、园林名城苏州等。

这个阶段的城市旅游实际上仅仅是依靠城市里个别的景点或景区来吸引游客，过分依赖原有的资源是这一阶段我国城市旅游发展过程中经常出现的问题。

图 1 - 2　桂林山水

图 1 - 3　西安古城

图 1 - 4　苏州园林

（二）市场导向阶段

第二阶段是市场导向阶段，随着旅游城市在数量上的迅猛扩容，我国城市旅游市场从卖方市场向买方市场过渡，如何在愈演愈烈的市场竞争中求生存、求发展，引发了旅游工作者们对资源导向的旅游发展模式的反思。

在这个阶段出现了一些以接待服务为主要旅游功能，包括为其风景点（区）提供酒店、宾馆、交通、物质供应、旅行社服务等辅助配套的接待服务中心城市，如黄山市、泰安市和千岛湖市。在这个阶段，经济利益成了城市旅游发展的唯一基于系统论的城市旅游形象理论研究目标，为了争取尽可能多的游客，各旅游城市以所有的游客作为自己的潜在目标客源市场，出现了一个城市要涵盖各种市场需求的现象，功能定位过泛、贪大求全是这个阶段城市旅游发展的主要问题。

图 1-5 千岛湖风景区

（三）产品导向阶段

第三阶段是一个资源、市场、产品、形象策划和营销一体化的综合阶段，可称为产品导向阶段。它是从分析、研究市场出发，对市场进行细分，确定目标市场，针对市场需求来挖掘、组合旅游资源，有资源则对资源进行筛选、加工或再创造，没有资源也可根据市场和本地的经济技术实力进行策划和创意，然后设计、制作、组合成适销对路的旅游产品，让产品与市场对接，并通过各种营销手段推向市场，其核心思想就是"市场—资源—产品—形象—市场"，如城市主题公园，深圳华侨城的成功是这一阶段的典型代表。

深圳华侨城的成功，在全国各地掀起了一阵开发建造人工景观的热潮，但是由于人造景观的易被模仿性，各地的城市旅游产品大多出现主题单一、内容雷同、缺乏创新的问题，使之观赏寿命短，投资效益不佳，目前除有少数成功的典范外，大部分主题公园的经营举步维艰。

图 1-6 深圳华侨城主题公园平面图

（四）形象导向阶段

第四阶段是形象导向阶段，正是由于在城市旅游发展的资源导向、市场导向、产品导向阶段出现这样或那样的问题，进入 20 世纪90 年代以来，我国的城市旅游发展已经开始摆脱以桂林、西安为代表的传统旅游城市，为风景名胜提供接待服务功能的中心城市，人为开

图 1 - 7 深圳华侨城主题公园——云海高地

图 1 - 8 哈尔滨圣索菲亚教堂

发旅游吸引物以发展城市旅游等的发展模式。各大中小旅游城市开始意识到一个城市的旅游业要获得持续发展的能力，并非仅仅是旅游资源的保护与生态持续性问题，也不是开发几处资源，建设几个项目和几座酒店那么简单，城市旅游的发展应该取决于旅游城市的形象、整体的活力及其由此而形成的综合吸引力，而城市旅游发展最重要的一个问题是如何把城市现有的特点充分挖掘出来，使之在众多的竞争对手中脱颖而出，并以此作为吸引潜在旅游者的重要途径，这也是城市旅游形象的建设问题。

城市旅游形象的设计策划已经成为当今发展城市旅游极受关注的课题。各旅游工作者、研究者在城市旅游一体化综合开发的基础上导入城市旅游识别系统（Urban Tourism Identity System），更加注重城市旅游形象设计、定位在旅游业发展中的作用以及注重构建和完善视觉识别系统阶段，城市旅游进入形象导向阶段。竞争导向的变化给城市旅游发展提出了新的课题。如何在大众心目中形成一个城市独特鲜明具有强感召力而又真实可信的旅游形象，将是今后城市旅游业能否得以迅速发展的至关重要的问题。

图 1 - 9 拉萨布达拉宫

因此，通过对城市旅游形象的理论研究，进而探讨如何在城市旅游中导入形象识别系统，建立一套有效的城市旅游形象操作模式，树立起城市旅游形象的独特个性，以利于旅游者识别，已是城市旅游规划和城市旅游研究所要解决的重要课题。

二 城市旅游形象设计研究的兴起

随着中国城市由过去的外延式的发展转向内涵式的发展，体现着城市文明进步程度的"城市旅游形象设计"的概念也被引入城市建设之中。现在国内大部分大中城市都在构建自己的城市旅游形象设计系统，为城市未来的发展积蓄力量和资源。我们可以说，中国城市正在由传统意义上的简单生活、简单居住和工业生产型的城市，向艺术型、生态型、形象特色型城市转化，在经历了几千年的存在与发展后，中国的城市建设迈出了具有历史意义的真正一步。全国性城市旅游形象设计热潮的出现，标志着每一座城市都在努力探索适合自己发展的方式、方法、道路和模式。

在我国，城市旅游形象设计的流行和推广是近几年才开始的，目的是改变目前城市建设的雷同化、一般化的倾向。相反，独特的、民族的、高知名度的、鲜明个性的城市文化与形象，能产生巨大的城市凝聚力，增强城市的交流性、世界性、竞争性，促进城市的经济发展和人民生活水平的提高，使城市在竞争中获得优势。随之而来的是，很多城市开始了"形象工程"的建设，这些"形象工程"往往投资巨大、劳民伤财却没能真正给城市带来实际的经济及社会效益，流于"政绩工程"。由此导致的后果，许多城市在建设城市景观方面便开始盲目追求如尺度巨大的广场、景观大道、超高层建筑、大型公园景区等，这些工程往往投资巨大，有的脱离实际，并不能给城市居民的日常活动带来实际益处，最后流于官员的所谓"政绩工程"。从城市旅游形象的角度看，这些工程确实给城市自身带来某种轰动效果和对外影响，但从经济角度看，这种做法却得不偿失，巨大的财力投入与城市旅游形象的提升并不成正比关系。与修建"形象工程"相比，从真正"以人为本"的角度出发，改善街道设施成本不高，却能够真正满足人的生活需要、影响人的行为，一片绿荫下的几条座椅，一个汽车站牌与电话亭，甚至是一组社区的指示牌，这些虽然不如某一标志性建筑那么引人注目，但对城市的居住者和使用者更具有直接意义，它们能随时满足人们休息、活动、观赏等需要，并为人们提供便捷的交流与互动空间，真正体现出城市对人的人文关怀。

三 城市旅游形象工程的误区

世界经济日益全球化，国际的信息传递正加速改变着我们的世界。各种信息充斥着人类生活的各个层面，刺激着人们的神经。毫无疑问，我们已进入了以数字化技术和网络技术为基础的信息时代。大量西方建筑理论、设计思想，许多新潮的风格流派蜂拥至我们的面前，现代的、传统的、后现代的、新古典的、新理性的、结构的、乡土的、解构的……千百年来沉淀的文化底蕴、风情各异的城市旅游形象已经不复存在，而经过再改造的城市都似曾相识，至千"城"一面。如冯骥才所说："我们感到自己的城市越来越陌生，别的城市却越来越熟悉。"到了一个城市，如果事先不告诉你它的名字，你可能会认为你还没有走出你所生活的城市。走在大街上，满是一样的高楼大厦、一样的公交车站、一样的装饰符号……城市发展中已出现"特色危机"。当前，城市化进程的加快使城市面临激烈的竞争，人们越来越意识到城市要得到市民、旅游者、投资者的认可与信赖，必须鲜明地表达该城市的特色，通过有效的途径传达城市的特征信息，这就需要加强城市凝聚力和竞争力。把城市旅游形象设计导入城市建设，对内能够提升建设理念，明确事业领域，确立整体规划，加强管理力度；对外能够方便多方沟通，强化信息传播，促进国内外交流，提高社会认知力、信赖度和知名度，从而塑造良好的城市旅游形象。

图 1-10 大连星海广场

然而，我们的城市面貌发生巨大变化，城市旅游"形象工程"相继推出的同时，我们也不难发现，虽然构建城市旅游形象的实际水平有了很大提高，但是由于中国城市在改革开放以来的城市旅游资源建设重点多数在"量"的方面，还没有注意到城市旅游形象建设"质"的意义与功能，尤其是视觉系统的设计更是毫无主见，只是盲目地跟风追随，无法展示城市独特的人文与自然风貌，致使很多城市建设呈现出雷同的面貌，城市个性的缺失与可识别性的模糊，形成了当今我国旅游城市建设的形象设计危机。而作为城市旅游形象设计组成部分的视觉符号化设计，特别是城市街道设施设计，不仅没能起到提升城市旅游形象的作用，反而造成了"建设性的破坏"。

从物质建设的角度出发，生活在当今城市里的人们因环境意识的觉醒，对于城市生态与生态环境的要求普遍提高，改善这些内容是提升城市整体形象的直观体现。对于城市旅游形象的设计是与城市规划、城市设计密切相关的，它不仅表现在建筑设计方面，还包括了街道设施设计、公共艺术设计、工程技术、环境科学等综合的、多学科交叉的设计系统。其中街道设施与城市居民的接触最为广泛，只要进入城市公共空间的人们就会与各种街道设施打交道，因此功能性设计是其最初的体现，但随着街道设施功能的不断完善，人们对于它的文化性和艺术性追求便越发强烈，于是它已不仅仅满足人们使用的需求，而是上升到体现一种城市旅游形象的元素。

四 从"双重尺度"关注城市旅游形象建设

（一）从"大"尺度到"人"尺度

随着国内经济的迅速发展，受经济增长的推动，近几年来中国的城市交通机动化飞速发展，汽车的数量急剧增多，从而引发了很多城市问题。城市的更新改造也以汽车为中心，街道的环境质量急剧下降，破坏了街道、广场等公共空间系统有机的完整结构体系，而且还隔断了传统城市空间的宜人尺度和步行空间的连续性，使城市公共空间系统逐步丧失人性化的特征。人们更多的是通过车窗来观赏城市，要使快速运动的人看清物体，就必须将这些物体的形体夸张放大。因而城市空间形态的营造因"车"的大量使用也趋向于相对的"大"尺度，现代城市空间形态的重要特征是"大"，通过大广场、大会展中心等作为城市旅游形象塑造的手段。过度关注"大"尺度的结果导致了对"人"尺度的关注不足，其中包括对与人生活密切相关的

"近人尺度"的街道设施的建设。"人"尺度的设施也会成为城市的标志，比如法国巴黎地铁入口设施、英国伦敦的红色电话亭灯。由此可见，城市的标志性并非必须通过"大"尺度的标志物或广场才能体现。

有些城市的重点主干道及立交桥旁，虽然有着超尺度的绿化及街道空间，但是人在其中却越来越感受到自身的渺小、卑微及其忽略。因此，如何在大尺度的第一层次街道空间中创造出第二层次的近人尺度空间，重新缔造给人以亲切舒适的空间感受，在此当中街道设施所起到的作用是不应被忽视的。

（二）"人"尺度的需要

人是城市设计的主体，自古以来步行活动一直是城市中最基本、最必要的交通方式。步行、交流以及其他户外活动不仅是人的生理需求，更是人的心理需要。从 20 世纪 70 年代起，人们改变了以柯布西耶（Le Corbusier，1887—1965）和《雅典宪章》为代表所倡导的城市集中主义理论与功能分区思想，重新认识到传统的街道生活与街道美学的价值，倡导城市中心功能与空间的多样性；强调传统的城市空间的有机秩序和街道步行体验，重视人的精神和心理感受；强调以人为中心的人文主义回归和对人性空间的重视。

新城市主义、人文主义城市设计思潮开始从具体的生活体验和人对城市的实际感受出发，研究人的行为心理、知觉经验和城市环境之间的联系，强调以人为中心，以宜人的尺度构筑城市空间，强调邻里生活和城市生活的融合，批判现代主义刻板的功能分区和大尺度非人性的空间创造。

西方格式塔心理学体系中通过对知觉组织一系列较明显的规律研究，深入揭示了"部分"与"整体"、"图形"与"背景"以及"知觉"与"记忆"之间的关系。其中，"图形"与"背景"之间的关系，就是指一个封闭的式样与另一个和它同质的非封闭的背景之间的"图底"关系。格式塔心理学体系中"图底关系"理论应用于城市旅游形象塑造不仅具有美学和心理意义，而且具有设计观念上的提升，对塑造富有个性特征的城市旅游形象有着重要意义和指导作用。

图 1 - 11　大尺度建筑与小尺度街道设施的图底转换

图 1 - 11 为汕头市的利宏基大厦及其广场上的雕塑。大厦的尺度较大，视觉力场也较强，但随着观赏距离的变化，其视觉强度也发生变化，图 1 - 11 右边雕塑成为图形，而建筑物本身却成为背景，变成底图。因此，大的形态不一定总能保持其视觉强度，如果超过某个限度，力度反而会减弱。这就说明，尺度大的建筑在视觉上虽然容易形成标志性，对城市旅游形象产生影响，但小尺度的街道设施在某些条件下，其重要性甚至超过了建筑物本身，需要得到额外的关注。步行活动的回归给我们提供了一个重新认识城市旅游形象塑造手法的机会，因此与步行活动相关的设施也应得到关注，并能以此作为强化城市旅游形象的一种手段。

五　街道设施对于城市旅游形象建设的重要性

城市空间中公共空间占有很大比重，当我们走在大街上、漫步在公园中或行驶在公路上，街道设施随处可见，如城市指示标识、信息设施、卫生设施、体育设施、文化设施、交通设施、绿化设施等，这些都成为城市空间组成的重要部分，在公共空间中满足人们各种生活的需要并促进城市的发展。

图 1-12　具有景德镇地域特色的街道设施

由于社会的发展、交通便利、旅游业火爆等因素使参与公共空间活动的人群不仅包括本城市居民还包括外地的游客，涉及了不同地区、不同国家、不同职业等人群。同时，现在民众平均一天之中在公共空间的活动时间增多，购物、旅游、休闲等都是公共活动的体现，这就使得街道设施跟人接触的时间更长，交流也更密切。如果说建筑、道路、风景名胜等是城市旅游形象整体水平的体现，那么街道设施就是城市旅游形象细节的传达。

当人们置身于城市之中各种建筑或道路等大型工程会给人以强烈的视觉感受，敬畏之感油然而生，但也会因为其高大宽广的特性而拉远了与人的距离，造成缺少亲切感。虽然街道设施的视觉感受不及大型工程，但是它的功能与尺度却能给人更多的亲切感，其体验感受却远远强于大型工程。城市旅游形象是人对城市认知的印象总和，因此应该从提高人的感受出发，使视觉感受与体验感受并重。正所谓"细节决定成败"，街道设施正是从"细节"的角度提高城市的形象。

图 1 – 13　具有西藏地域文化的街道路灯

六　目前我国城市街道设施建设的不足点

随着我国城镇化水平不断的提高，相对应的城镇建设也必须适应其发展的需要。目前我国许多城市的街道设施之所以没能为城市旅游形象提供推动力，主要是在建设过程中存在诸多问题，其中既有我国具体国情特殊性的原因，也有对城市旅游形象的认识水平的不足。这些原因决定了今后对于城市旅游形象的建设将是一个巨大的挑战，下面笔者通过对国内部分城市街道设施的实地调研考察，从中总结、归纳出五点关于街道设施建设所存在的问题：

（一）不同种类的街道设施之间，其功能与造型联系较弱

很多城市的街道设施只是简单的拼凑，显得零乱且不协调。例如，垃圾箱、电话亭和广告灯箱等各类设施之间缺乏过渡性联系，不同的街道设施的造型颜色也缺乏统一。许多城市的做法只是将风格不一的街道设施简单地拼凑起来，虽然满足了使用功能的需求却没有满足这个地区、这个城市自身文化内涵的需求并且忽视了各种街道设施之间的整体感与内在联系，使得它们之间的审美联系上显得不协调，地区之间的特色和差异都没能体现出来。

（二）新旧街道设施安排的不合理

由于城市的发展一些老旧的街道设施将被新的街道设施所替代或者在老旧的街道设施上再添加新的设施，但是大多数的情况下由于老旧的街道设施短时期不好替换并且它还有很大的利用空间所以都保留着或在其基础上增加新的街道设施，这样就使得新旧设施搭配不恰当显得很乱。对于处理新旧街道设施的安排，笔者认为有两种方法：一是以新的街道设施为基础对旧的设施进行统一风格的改造；二是以旧的街道设施为基础对新的街道设施进行复古效果处理。

（三）街道设施在城市中分布不均

由于我国街道设施的建设还处在比较初步的阶段从而导致了区域与区域之间的街道设施分布不均匀，比如有些区域的垃圾箱分布得太稀疏以至于要找一个垃圾箱丢垃圾要走上好几公里的路，这也是间接导致随地扔垃圾的问题，影响了市容市貌，更可怕的是恶性循环使得即使有垃圾箱也无法有效使用，造成人们行为的缺失与不良习惯的养成

（四）街道设施设计简单模仿，缺乏特色

很多区域的街道设施没有因地制宜，过分追求国外的样式，"拿来主义"固然有它好的一面，尤其是对于街道设施建设处于初步阶段的国家来说，在没有经验的情况下学习国外先进的建设思路也是一种好的方法，但是"拿来"是要筛选的，不能原封不动的"拿来"，要拿它们先进的思维、先进的理念、先进的技术以及建设方式，并且结合本国的特点来做出具有地域特色的街道设施。这个"特色"不仅仅是造型、材料和工艺方面，还包括使用功能方面，要全面顾及"特色"的含义才能更好地服务于城市旅游形象的建设。

（五）政府职能部门对街道设施建设的认识程度不足

部分城市认为要搞好城市旅游形象建设就要将重点放在标志性建筑、历史遗迹和特色自然风貌这些大、高、广的工程上，却忽略了更贴近人们生活、更富有亲和力的街道设施。笔者认为，街道设施与人的互动性更强，接触的人群更广。因此与标志性建筑、历史遗迹和特色自然风貌相比较更能让广大的人们所接受。并且在各种大型项目周围都不缺乏街道设施，它们之间能产生良好的呼应、取长补短，从而

提高人们对城市的认知印象。

总而言之，提高城市旅游形象只采取做好建筑、道路、风景名胜等方式还是远远不够的，还应更加注意城市的细节。街道设施在其中的作用巨大，对于它的重视程度应与各种大型工程等同于一个层次上，将它作为一个桥梁把人与人、人与城市相互联系，使其成为城市独特魅力的展现。街道设施作为提高城市旅游形象的工具有着不可比拟的优势，但是对于它的设计不能仅从个体上出发，应该着眼于全局、注重整体的规划和设计使它成为联系起整个城市的有力杠杆。

第二节　课题研究的目的和意义

一　课题研究的目的

本书拟通过对国内部分城市街道设施的调研分析，结合认知心理学等理论阐明这些街道设施在城市旅游形象生成过程中的重要性，进而对街道设施构成、分类以及目前存在的问题进行分析，提出城市街道设施整合设计的可行性和组合方式。另外，结合城市旅游经济发展的需求，从经营城市的角度，以发展的眼光，研究如何通过新的街道设施设计手法的介入，推动城市旅游形象的快速提升，突出城市个性魅力，为城市旅游经济的发展提供一个良好的环境。

二　课题研究意义

随着国内旅游业和城市旅游经济的快速发展，城市旅游形象研究已成为目前我国城市旅游形象研究中探索得比较多的新热点问题之一。在这新一轮的竞争中，城市面临着如何在全国众多其他城市中形成自己的城市旅游形象定位和形象塑造的问题，很多城市通过修建标志建筑、大型休闲广场、大型公园景区等手段来达到提升城市影响和旅游形象的目的，投入巨大、耗费时间长，虽然有一定的效果，但更多的结果却不尽如人意。城市资金是有限的，如何优化资金配置、最有效地改善城市旅游形象是城市旅游形象设计的意义所在。如果能找到一种投入少、耗时短、效率高而且能对城市整体旅游形象塑造产生良好作用的方式就有着重要的现实意义。

街道设施作为城市空间的要素之一，是城市旅游形象形成过程中不可缺少的一部分。通过对城市街道设施的整合化研究，将其纳入城市旅游形象系统的构建之中，对当前国内的城市旅游形象建设具有一定的意义。

第三节　国内外研究现状述评

一　国外关于城市旅游形象研究现状

由于旅游业的蓬勃发展和旅游地之间竞争的加剧，旅游形象研究引起了旅游研究者和营销者的极大兴趣。以国际最具影响力的三大旅游研究刊物《旅游管理》（*Tourism Management*）、《旅游研究纪事》（*Annals of Tourism Research*）和《旅行研究杂志》（*Journal of Travel Research*），于 1971—2014 年所刊载的旅游形象研究文献为主，对国外 30 多年的旅游形象研究进行了梳理，以了解国际旅游学界旅游形象研究的新动态。在这三本刊物中，《旅游管理》和《旅游研究纪事》是全球仅有的两家进入社会科学引文索引（SSCI）的旅游期刊，代表了该领域最高的学术水平，而《旅行研究杂志》也在历次的旅游学术期刊排名中位居第三名（Sheldon P. J.，1990；Pechlaner Hetal，2004；McKercher B. et. al.，2006）。

在对以上期刊中检索到的有关旅游形象的文献进行深入分析的基础上，试图对国外旅游形象研究进行比较全面、综合的总结，以供旅游研究者参考或借鉴。同时，通过对这些文献的研究内容及研究方法的分析，能为国内旅游形象研究提供一些方法和思路上的参考。需要说明的是，在国外的研究文献中，探讨最多的是旅游地形象（Destination Image），其次是旅游形象（Tourism Image）。鲜有以城市旅游形象为题进行研究的，大量的、具体的旅游地（包括城市）都是放在旅游地形象中进行探讨的。鉴于城市旅游形象的研究与旅游地形象研究的强烈可比性，在本书中将以旅游地形象研究来阐述国外城市旅游形象的研究现状。

自 20 世纪 70 年代国外学者开始对目的地形象进行研究以来，围绕特定旅游目的地的形象研究成为旅游业最丰富的研究课题之一，目的地形象已经成为旅游研究文献中的流行话题。1971 年，美国科罗拉多州立大学的亨特（Hunt J. D.）撰写的博士论文"形象：旅游的一个因素"（*Image：A Factor of Tourism*），探讨旅游地开发中形象因素的意义，被认为是旅游形象研究的开山之作。亨特认为形象是纯粹主观的概念，即人们对其非居住地所持有的印象，旅游目的地和该目的地的可进入性、基础设施等都是旅游决策过程中的影响因素。

在此前后，林奇（Lynch K.，1960）、甘恩（Gunn C.，1972）、马金（Markin J R.，1974）、瑞夫（Relph E.，1976）、克朗普顿（Crompton J. L.，1977）等的文献对旅游形象的研究起到了一定的推动作用。需要特别说明的是，在西方，"地方性"（Place）和地方识别性以及地方认同（Identify）的研究，是人文地理学和景观与城市规划学的重要概念，与旅游地形象的研究有重要关系。因此，《城市意向》（*The Image of the City*）（Lynch K.，1960）和《地方性和非地方性》（*Place and Placeness*）（Relph E.，1976）这两本专著被认为是与旅游地形象研究相关的早期文献。

20 世纪 80 年代以来，国外学者对旅游形象研究的重视程度逐渐加强，研究逐步进入一个不断繁荣的阶段。斯特布朗（Stabler M. J.，1988）、特里斯曼（Telisman K. N.，1989）、乔恩（Chon K.，S 1991）、伊格特纳和里奇（Echtner C. M and Ritchie J. R. B.，1993）都对旅游形象研究的重要性做了详细的阐述，普遍认为旅游形象影响旅游者的主观认知、后续行为和目的地选择。派克（Pike S.，2002）回顾总结了自 1973—2000 年发表的和"旅游地形象"有关的约 142 篇论文，将它们进行了比较分析。可见，从 70 年代至今，国际上对旅游形象地研究得到了不断的发展。

由于国外旅游形象研究较国内起步早，为了把握国外该领域的研究成果和最新动态，20 世纪 90 年代以来，国内学者对国外旅游地形象的研究成果进行了归纳和评述，为国内旅游形象研究提供一些方法和思路上的参考。代表性成果有："旅游地形象研究在西方的崛起"（谢飞帆，1998）、"旅游认知形象研究综述"（郭英之，2003）、"旅游形象研究理论进展与前瞻"（程金龙、吴国清，2004）、"国外旅游地形象研究进展"（张海霞、张旭亮，2005）、"国外旅游目的地形象研究综述——基于 Tourism Management 和 Annals of Tourism Research 近 10 年文献"（臧德霞、黄洁，2007）、"国外旅游形象研究及其对国内的启示——基于 1996—2007 年 TM 和 ATR 所载文献"（吕帅，2009）。

国外城市旅游形象建设与城市规划体系往往能够体现设计者的构想，既能较好地反映城市旅游形象创造者的个性，也能够较多地展示城市旅游形象的个性，但凡比较有影响的城市，都在积极塑造别致的差别优势和个性。国外城市旅游形象理论和经验，值得我们借鉴。

二　国内关于城市旅游形象研究现状

20 世纪 80 年代，随着企业形象设计引入我国，在城市规划、城市公关、城市旅游等理论的孕育推动下，国内学者白祖诚（1994）、李克强和林炎钊（1995）、金卫东（1995）提出城市旅游形象研究的问题，进而提出城市旅游形象的理论体系，一些学者相继投入精力钻研，取得了相应的成果，城市旅游形象的研究引起了业界和学术界的广泛关注。十余年来，旅游形象研究成为城市旅游研究的核心问题，旅游学刊、人文地理、地域研究与开发及一些大学的学报刊载了近百余篇文章来探讨这一问题，其中不乏理论创新和实证研究的经典之作。无疑，理论创新为城市旅游形象研究向纵深方向发展搭建了新的平台，实证研究也大大丰富了城市旅游形象的研究成果。

在中文文献中，"Image"有多种译法，最常见的是形象；其次是意象、映象。本书于 2015 年 12 月 27 日，以中国知网为文献来源进行期刊论文检索，检索时将篇名设定为"旅游形象"，共检索出旅游形象相关文章 1849 篇；将篇名设定为"旅游地形象"，共检索出旅游形象相关文章 173 篇；将篇名设定为"旅游意象"，共检索出旅游意象相关文章 94 篇。同时，分别将"旅游形象"、"旅游地形象"、"旅游意象"设为"篇名"的检索词，经中国知网硕博学位论文数据文献检索，检索到旅游形象相关硕博士学位论文 288 篇，共检索到旅游地形象相关硕士学位论文 25 篇，旅游意象相关硕士学位论文 24 篇。这些文献的内容主要探讨城市旅游形象认知、城市旅游形象定位、城市旅游形象测量、城市旅游形象设计、城市旅游形象营销、城市旅游形象演变等问题。与国外相比，我国的研究起步较晚。但近年来，我国旅游学者在吸取了国外学者研究成果的基础上，拓展了理论研究的领域，并取得了可喜的成绩。

国内旅游目的地形象研究伴随着旅游规划理念的不断提升而深入。总体而言，国内旅游发展经历了20世纪80年代的资源导向阶段、90年代初的市场和产品导向阶段、90年代中后期的形象导向阶段。人们对旅游地形象的各种驱动效应及其实践意义的认识直接推动了旅游形象研究。国内旅游地形象理论的研究始于90年代中期，2000年以后才逐步增多，而且从认知到推广、从形象定位到形象测量，都有了进一步的研究。

国内学者在前人研究的基础上，进一步拓展了理论与实践研究的领域。在旅游形象的概念、内涵和旅游地形象策划方面作了大量的实证研究工作，取得了实质性的进展。从国内的研究文献来看，20世纪80年代，地理学界从国外引进和翻译了一些学术论著，如沃姆斯利和刘易斯（Walmsley. D. J. and Lewis G. J.，1988）的《行为地理学导论》，劳维和彼得逊（Leow J. and Pedersen A.，1989）的《社会行为地理：综合人文地理学》，使国内学者开始接触"环境映像"、"意境地图"等概念。90年代，由于企业形象设计在国内异常活跃，关于企业形象系统（Corporate Identity System）的各种论文和专著很多，这启发了部分学者将之用于区域研究和旅游研究，出现了较早的城市形象研究（张鸿雁，1995；李明友等，1997）和城市旅游形象研究（白祖诚，1994；林炎钊，1995；金卫东，1995）的论文；罗治英的《DIS：地区形象论》也于1997年问世。

国内旅游形象研究始于20世纪90年代中期，研究理念随旅游规划实践而不断丰富。林炎钊（1995）较早提出旅游形象设计是我国旅游城市面临的新课题；白祖诚（1994）较早对北京市的旅游形象进行了探讨；李克强、林炎钊（1995）较早从城市旅游形象设计的原则角度对旅游形象的设计进行理论分析。90年代末期以来，以陈传康教授为代表的研究者对旅游地形象（Destination Image，DI）予以重视，并在实践中提倡应用，强调了文脉（陈传康将其理解为旅游点所在地域的地理背景）在其中的重要意义，并在北京市门头沟区（北京大学城市与环境学系，1997）、海南海口（陈传康、王新军，1996）等地旅游规划中进行了实际应用研究。李蕾蕾 1998 年在其博士论文的基础上完成了《旅游地形象策划：理论与实务》一书，这是国内第一本系统探讨旅游形象的专著。

此后学者们从多个角度展开了对旅游形象的研究，积累了一定的研究成果。2003 年以来，在地理和旅游的主流杂志出现了多篇从不同角度对旅游形象研究进行回顾与展望的综述类文章，如"旅游认知形象研究综述"（郭英之，2003）、"我国旅游形象研究的回顾与展望"（程金龙、吴国清，2004）、"国内城市旅游形象研究综述"（汪克会，2004）、"'旅游地形象策划'的 10 年"（苗学玲，2005）、"国内旅游形象研究述评"（乌铁红，2006）、"旅游目的地形象研究综述"（文春艳等，2009）等。

这些文章对国内旅游形象的研究成果进行了梳理，这表明学者们已经注重理论的深入研究与总结。同时，在当前的研究中出现了较多的系列研究论文，如李蕾蕾、吴必虎、庄志民、白凯、乌铁红、程金龙、黄震方、毛端谦、李宏、杨永德、李飞、刘睿文等。这说明同一学者在就某一领域进行深入研究，今后系列论文的数量还会增加，这标志着旅游形象的研究向纵深发展。

三　国外有关城市街道设施的研究现状

美国著名景观设计大师哈普林（Lawrence Halprin，1916—2009）在其关于现代城市景观的论文《都市》（Cities，1988）中写道："一个都市对其都市景观的重视与否，可从它所设置的街道桌椅的品质和数量上体现出来。"

法国的城市街道设施的反思情感设计：设计师赫克托·吉马德（Hector Guimard）充分发挥了金属材料强大的造型能力，将自然形态的有机曲线用于设计中，设计了巴黎地铁入口设施，成为 19 世纪后期到 20 世纪初期的新艺术运动风格的典型代表，现在它是巴黎的标志之一，体现了那个时代的特色。

城市街道设施设计中人的行为心理的投射研究：在扬·盖尔（Jan Gehl）的《交往与空间》（Life between Buildings，1971）中提到良好的尺度适合人的停留，好的临街界面使得街道体验更有趣，哥本哈根的建筑有很多壁龛、台阶、石凳与凹进之处，这些细节非常适合人的休息和驻足。在哥本哈根的城市调查中，发现有一种边界效应，大多数人更喜欢或站或坐于街道空间的边界，而哥本哈根就有极好的这种边界。可见在街道建设中对人的行为心理的考察可以有效提高利用率。所以在不连续界面布置座椅对提供有效的服务会有更积极的作用。

从符号学的角度来分析城市街道设施的设计：设计如何满足现代社会发展常求的探常，从功能到符号，从符号到设计，设计不再是绘画的附属，而是建立符号系统的过程。设计是符号学中的一个系统，作为设计师，最终是通过设计物的图像来结束自己的工作，而作为使用者是使用通过这一图像传递出的功能的可能性。坐具，就是城市街道设施中最普遍的一个符号系统。

有关人性化设计的研究：荷兰飞利浦公司设计了一个会发光的椅子，内嵌 LED 灯，通过传感器测定人们停留的时间、就座的人数以及就座的时间，会发出不同颜色和不同亮度的灯光。灯光与椅子形成一个私密性的场所，人被光晕所包围，与其他人微妙地分开。这种具有个人意味的灯光营造了公共空间中的相对私密空间，让我们惊喜地发现公共座椅也能反映"人们与社会交往的方式"。

凯文·林奇（Kevin Lynch，1918—1984）在《城市的形象》（The Image of the City，1960）一书中将城市形象的构成要素归纳为五类："道路（Road）、边界（Edge）、区域（District）、节点（Node）、地标（Landmark）"，他指出"观察者习惯地、偶然地或潜在地沿着它移动。它可以是大街、步行道、公路、铁路、运河，这是大多数人印象中占控制地位的因素。沿着这些渠道，他们观察了城市。"由此可见，城市街道既是城市景观规划设计的重点，也是展示城市形象和城市环境景观的重要舞台。而街道上的设施则是满足其功能，增加城市魅力的关键。

以人为本的城市街道设施规划研究：英国设计师妮古拉·加莫里（Nicola Garmory）在《城市开放空间设计》中写道："好的城市设计能在城市的自然形态方面产生一种逻辑和内聚力，一种对赋予城市及其他地区以性格的突出性征的尊重。"这就强调了保持城市特色对城市旅游形象设计的重要性。

城市构成要素方面研究：著名的美国城市设计师哈米德·青瓦尼（Humid Shvami）在《城市设计程序》一书中则进一步分析了城市设计研究要素，并归纳为八个方面：①土地使用；②建筑形式与体量；③动线与停车；④开放空间；⑤人行交通；⑥支持活动；⑦保存和维护；⑧标志与街道家具。他把城市设计看成是研究城市结构中各主要要素相互关系的设计。

四　国内有关城市街道设施的研究现状

城市街道设施最早是以"环境设施"的概念出现在 20 世纪 60 年代的欧洲。英语为 Street Fumiture，直译为"街道的家具"。也被称为 Urban Furniture 和 Urban Element，直译为"城市家具"和"城市元素"。在日本，城市街道设施被理解为"道路的装置"，也称"街道家具"。在我国，对城市公共设施可以理解为环境设施或街道设施，当前对城市公共设施的研究大多是基于街道设施而论的。

目前，我国城市街道设施的发展存在着创新意识薄弱、缺乏人性化、地域特色模糊、整体环境缺乏协调性等问题。多数设计师还停留在一种初级的设计思想之下，在景观整体的概念里很少有远景的概念，即把城市街道设施看成是一个独立系统的观点还占据统治的地位。要解决城市街道设施设计的这些问题就要有整体的思想观念，要把城市街道设施理解成为城市规划建设设计中一个不可或缺的部分，协调各部门之间的统筹关系，政府要培养大量专门的人才进行城市街道设施的设计，并通过深入了解当地的历史文化、民风民俗、地域特征。选择符合当地特色的材料、色彩、形式、元素来进行城市街道设施的设计和加工，既可保证城市街道设施和城市空间的统一，同时又具有强烈的地域特征，同时还要加强市民的参与意识，使风格与当代社会文化相协调。

张东初、裴旭明在《从工业设计看城市街道设施的设计》一文基于对工业设计的分析，提出城市街道设施的设计应该充分体现其系统性、功能性、装饰性和经济性。在对城市街道设施的设计过程中，要贯穿以人为本的精神，注重整体统一与体现个性相结合、注重与整体环境相协调、注重视觉效果等设计理念，为我国城市外部环境空间的设计提供了一个新的视角。

《城市街道设施设计研究》分析了城市街道设施设计的历史及现状，在分析现有城市街道设施设计主要误区的基础上，总结了城市街道设施设计的基本原则。指出只有对影响城市街道设施设计的各种因素进行系统和全面的分析把握才能设计出优秀的作品。

很多学者也就城市街道设施的设计原则提出了自己的看法。《浅谈城市公共设施设计的基本原则》和《现代城市街道设施中的人性化设计研究》两篇文章根据科学人本主义的代表者——马斯洛提出的需求层次理论：生理需求、安全需求、社交需求、尊重需求和自我实现需求，依次由较低层次到较高层次，提出城市街道设施人性化的思想内容，探讨了城市街道设施人性化设计应遵循的原则。

《城市街道设施人文化设计的文化发掘和设计》从文化发掘入手，对以文化为导向的设计理念进行设计理念分析，最后提出关于城市街道设施的文化分区的设计理念。

《城市公共设施设计的个性化时代》探讨了全球经济一体化、世界文化相互渗透、融合的大环境下，城市街道设施的个性化设计问题。从哲学的角度讨论了城市街道设施设计的共性与个性及其相互关系。将地域性作为设计的突破口，从自然环境与人文环境两个方面入手来解决街道设施设计的个性化问题。

《城市生态化街道设施设计研究》以及《可持续设计理念在户外公共设施中的应用》探讨了城市街道设施的生态化建设的问题。认为城市街道设施的设计应当融入城市环境，并有合理功能和结构，可识别性强、简洁明快、工艺简便合理，便于工厂化生产制作、减少对城市道路空间的占用。在注重材料的质感与色彩的同时，尽量使主要材料可回收再生，以创造可持续性城市街道设施。所以城市街道设施的设计要建立从环境、整体和文化出发的设计理念，理顺"人、物、环境"三者的关系，遵循人本主义、地域特色、整体景观协调、体现综合效益的着眼点来进行街道设施设计，这样可以营造出人性化的、和谐的、富有活力的城市公共空间。

安秀、张辉在《浅谈信息时代下城市公共设施设计》一文中提出城市街道设施在设计上应该突破传统的城市街道摆设概念，引入互联网技术，使之具有更多功能，做到以人为本，使人们的生活更加便捷、高效。在《材料在城市公共设施设计中的应用》一文中分析了现代化城市背景下的城市街道设施设计中材料的使用情况，并从绿色设计角度展望未来的材料前景。《城市街道设施设计的思考》一文强调了城市街道设施对于市民和城市所起的重要作用，并指出它们在城市中并不是处于静止状态，而是处于动态状态。人与城市是互动关系，并结合工业设计理论提出街道设施的设计方法，指出在"体验时代"到来的情况下，街道设施的互动特性将是未来发展趋势。

过伟敏在《附于外部环境的公共艺术设计》一文中，从公共艺术与城市外部环境的关系、依附于城市外部环境的公共艺术设计环境制约的三大因素（功能性因素、结构性因素、场所性因素）对中国"城市环境建设热"中公共艺术设计的思考，提出了公共艺术的设计应基于城市的文脉和历史，基于特定的场所环境，基于城市的未来，来构建与城市经济发展水平相适应的城市文化的论点。同时他还提出城市街道设施与景观的整体设计概念，从空间形态整合的角度探讨为特定的场所设计城市街道设施的方法。

城市家具作为城市街道设施的重要组成部分，它是决定建筑物室外空间功能的基础和表现室外空间形式的重要元素。《户外家具设计探微》、《"城市家具"与城市景观的共生》、《景观设计中的活力元素：城市家具》三篇文章从"城市家具"与城市生活、"城市家具"与场所空间、"城市家具"与城市性格三个方面来阐述"城市家具"与城市景观环境相互影响、相辅相成的互动共生关系。

《城市家具系统设计》一书以城市家具组成要素的系统性设计为主题，并通过对城市家具系统组成要素的评价和对城市家具系统性设计实际案例的分析，来全面阐述城市家具系统性设计的概念。作者认为城市家具与城市公共空间环境的关系，随着人们生活和观念的变革而变得越来越密切，与整体环境和谐、协调是城市家具设计的基本要求。建立与整体环境相融合的观念有助于在城市公共空间中对城市家具进行整合化设计。因此，城市家具的设计要从整体的观念出发，结合城市家具不同的使用功能，确定其在不同环境中的造型、色彩、材料和尺度，使这些设计要素与城市公共空间环境相协调。在整体环境观念下的城市公共空间城市家具，经整合化处理，将对城市公共空间的性质加以阐释，对景观环境意象加以突出刻画，使得环境景观具有明显的可识别性，整体环境更加统一。

昆明理工大学缪晓宾、许佳的《城市家具情感化设计》一文从人的情感需求作为设计考虑的中心和出发点，根据美国著名认知心理学家唐纳德·A. 诺曼教授的情感化设计理论，以本能情感设计、行为情感设计及反思情感设计等形式对城市家具的情感化设计以及场所氛围的营造做了系统的探讨。提出了城市家具情感化设计的目标是塑造良好的场所氛围，提升城市的知名度。任何城市街道设施都不是独立存在的，它除了提供自身的使用功能外，还能为城市空间营造不同的场所氛围，延续城市文脉，使生活在其中的人们产生归宿感、自豪感，从而激发对城市的热爱、对生活的热爱。在城市家具的设计中，我们要做到让其融入城市的环境，反映城市的人文地理风貌，展现城市的文化与特色。

第四节　相关概念界定

一　形象（image）

形象（image）是一个内涵极深、外延极广的概念，《辞海》解释为形状相貌。形象是一个人对一个目的地的信任（beliefs）、意见（ideas）及印象的总和。它既是一种抽象物，又是一种综合的感觉。认知心理学的研究表明，人认识客观事物首先要通过感觉器官形成一定的初始印象，然后才能进一步深入研究，认识事物的本质；感应与行为地理学的研究也发现，与地理空间有关的人类行为，例如选址行为、旅游行为等，首先取决于人类对地理环境的认知形象（映象），是认知形象而不是客观环境本身影响了人的行为，认知形象逼近客观环境是人类逐步了解地理环境本质的渐进过程，因此，人类往往在环境决策之前，依据感知形象做出决策。通过感知活动所获得的初始印象就是人们心中的关于此客观事物的"形象"。

在西方旅游学中，"形象"一词是指"一种抽象的概念，它包含着过去存留的印象、声誉以及人们之间的评价，并蕴含着使用者的期望"。形象主体、评价主体、沟通中介是它的三个基本要素。通常也把形象理解为能引起人的思想或感情活动的具体形式和姿态，也就是说形象是具体的、客观的、可加以描述的，同时人是形象的直接感受者，这种感受反映了人们某种思想和情感的活动，所以它又是客观的、复杂的，往往不易进行具体的描述。

二 CI 识别

CI 是 Corporate Identity 的缩写，是将特定的企业（或其他机构）的经营理念，通过独特统一的视觉识别和行为规范系统进行整合传达，使社会公众产生认同感，从而建立鲜明的形象，提高市场竞争力、创造最佳经营环境的一种战略。把按照此观念规划而成的系统称为企业识别系统，简称 CIS。CI 这一术语最初是由美国的著名设计大师雷蒙特·罗维（Raymond Loeway，1889—1986）等在 1930 年提出的。CI 之 "Corporate" 包含两方面含义："其一是指社团的、法人的；其二含有共同的、全体的意思。" 由此可见，Corporate 的包容很宽泛，而从其后的应用与研究范围看，也并非仅指企业。从广义角度研究 CI，CI 之 "C"，也不只是 Corporate，同时代表国家 Country、城市 City、校园 Campus 等。本书期望借鉴 CI 原理中统一、视觉符号的抽象等手法来研究城市街道设施，对街道设施进行系统的 CI 识别设计，利用单一元素的重复或元素的群化布置、视觉累积，研究其成为某种城市视觉识别符号的可能性，进而成为对城市旅游形象能起到推动和强化作用的新手段。

三 城市形象

城市形象是一座城市的内在历史底蕴和外在特征的综合表现，是城市总体的特征和风格。它是在城市功能定位的基础上，将城市的历史传统、城市标志、经济支柱、文化积淀、市民风范、生态环境等要素塑造成可以感受的表象和能够神会的内涵。城市形象内涵丰富，可概括为硬件形象和软件形象两个方面，硬件形象是指城市的物象特征，具有直观性，如城市布局、街道、建筑物、各类装饰、标识、交通、环境、基础设施、居民住宅、商业区等都是城市的外形，是城市形象的重要组成部分。软件形象是指人和物构成的有机整体，如社会秩序、经济环境、公共关系、城市文化、人的精神面貌、文化素养、服务水平、职业道德、市民生活水平、生活习惯、城市特色等，是城市内涵和特质。

四　城市旅游形象

旅游是社会经济发展到一定阶段后产生的文化精神消费活动，是一种社会文化现象，是人类文化成果在旅游活动中反映出来的观念形态及其外在表现。对旅游活动的发展起主导作用的是文化因素，旅游活动过程中的诸环节都渗透了丰富的文化内涵，文化是城市的灵魂，是城市取之不尽，用之不竭的发展动力。

城市旅游形象是城市形象系统中的一个子系统，是展现城市形象的一面鲜明旗帜。其含义是指城市的内外部公众（城市居民、城市旅游从业者、现实旅游者、潜在旅游者）对城市外在景观特征和内在、历史、文化底蕴体验所形成的总体的、抽象的、概括的认识与评价，是对城市旅游地的历史印象、现实感知和未来信念的一种理性综合。是城市各种内在资源挖掘、提炼、组合与具体工程策划、设计、实施相结合的"形神合一"。它是城市旅游吸引物、城市景观风貌、社会文化环境等因素在旅游产品生产中对旅游者综合作用的结果，是城市综合要素在旅游者心目中的反映。

城市旅游形象是人们对城市的一种感知，这种感知来自于不同的原因而且因人而异，风土民情、文化习俗、当地人对游客的态度礼仪等都会影响到游客对城市的印象。首先，城市旅游形象是抽象的和模糊的，形象有好坏之分，只有统一的正面形象才会产生积极的影响。其次，城市旅游形象是基于营销目的选定的，即通过传播这种形象，吸引更多的游客，同时显现与其他城市旅游的差异性。

据此，本书将城市旅游形象定义为：城市旅游形象是指人们对有关城市旅游目的地的旅游产品、旅游设施、旅游服务功能等所产生的总体的、概括的、抽象的认识和评价，以及大众对城市的认同程度。

五　城市街道设施

城市街道设施是伴随城市的发展和社会文明而产生和发展起来的，城市街道设施是人与环境的纽带，它遍布于我们生活的城市街道环境中，是城市景观的主要要素之一。城市街道设施泛指在街道、道路上为各种不同使用需求而设置的设备、物件。城市街道设施的分类有很多，本书中所涉及的设施主要指街道的附属设施。很多国家对城市街道设施的分类方法都有所不同，很难对这些设施进行具体、准确的定位和限定，因此本书结合现代化城市街道的实际，将城市街道设施按照其使用功能归为四大系统，具体为街道管理设施系统、交通设施系统、街道辅助设施系统、街道美化设施系统。

六 整合化设计

根据系统论的观点，所谓整合，就是指一个系统内各要素的整体协调与相互渗透，使系统各要素发挥最大效益。系统论的基本思想是整体性、综合性，整体效应是系统论最重要的观点。因此，要从整体性、综合性及整体效应上去认识"整合"。街道设施的整合化设计还包括政府相关各部门之间的整合，这种整合指的是部门之间的协调、合作。街道设施的建设和管理的职能部门应加强合作，进行整合化建设和系统化管理，最大限度地发挥设施的综合效益。在建设的决策、管理和实施过程中，在组织机构的设置、管理和决策的方式乃至具体操作各方面，形成有利于整个城市建设长期效益的组织和管理操作机制。

本书中的整合化设计指的是街道设施的整顿、协调和重新组合。具体的整合过程包括两方面内容：街道设施的整体设计，主要是通过整顿和协调来完成的，重点内容就是街道设施群体性的统一。既可以是同一类设施之间，也可以是不同设施之间的统一；街道设施的重新组合，包括同一功能设施的组合，如交通信号灯与交通标识的组合，还包括不同功能设施的组合，如候车亭与电话的组合。

第五节 课题研究的基本思路和主要研究方法

一 课题研究的基本思路

（1）分析本课题的背景、目的和意义，以及主要研究方法和研究的成果；

（2）阐述关于城市旅游形象的概念、范畴和系统构成，以街道设施为切入点，强化其在城市旅游形象的建构过程中产生影响；

（3）阐述街道设施整合化设计的依据及设计原则；提出城市街道设施整合化设计的具体手法并结合实例进行详细论述，在此基础上阐述街道设施整合化设计对城市旅游形象的强化、提升作用；

（4）提出城市旅游形象强化的街道设施整合化设计策略并对其产生的影响进行分析，辅以龙口市徐福街道设施整合化设计进行佐证；

（5）通过街道设施进行整合化设计，即设施之间重新组合、整顿、协调，研究以城市整体为宏观环境、街道设施为相对的微观环境对城市旅游形象产生的作用。

二 课题主要研究方法

（1）系统论的方法。应用系统论的方法，把街道设施设计置于城市环境这个大的系统中，探讨对城市旅游形象强化的作用及未来的发展方向。

（2）案例分析法。通过选取典型的实例，通过对某个个体进行分析来获得论述观点的支持。它能够将抽象的问题具体化，简单地说明问题。街道设施既可以表述为城市大环境中最小的元素个体，也可以是区域的群体集合。将整个城市环境作为背景，结合格式塔心理学当中的视觉相似及认知规律对街道设施网络进行研究。在此基础上提出城市街道设施整合化设计构想。

（3）视知觉与心理学应用。将整个城市环境作为背景，结合格式塔心理学当中的视觉相似及认知规律对街道设施网络进行研究，在此基础上提出城市街道设施整合化设计构想。

（4）资料文献法。借助类型学的方法，通过收集、整理、归纳、检索国内国际特别是韩国相关理论成果，掌握相关理论研究的共性及概念，为课题研究提供必要的理论基础和研究基础，使课题的研究能有较科学的定位和更高的层次，使课题成果更具有普适性。

（5）调查研究法。设计相关调查问卷，实地考察，走访市民、专家、学者等调查手段，分类整理统计数据，在进一步佐证的基础上提炼观点。

（6）典例分析法。典型分析法是通过选取典型的实例，通过对某个体进行分析来获得对论述观点的支持。它能够将抽象的问题具体化，深入浅出地说明问题。

（7）CI 理论导入。将 CI 概念导入城市街道设施系统，重新进行设计、布局、参与景观定型，将这些分布于城市各个角落的设施演化为某种意义的城市视觉识别符号。而这些反复出现的城市设施，也将成为人们对城市的记忆载体，以此提升城市旅游形象。

三　课题主要研究内容

在城市旅游业快速发展的同时，城市旅游形象建设雷同化、一般化的倾向越来越突出，为了改变目前城市旅游形象建设"同质化"的倾向，我们尝试从新的角度来研究城市旅游形象塑造问题，这也是课题研究的重点和难点。

1. "双重尺度"的城市旅游形象建设

目前城市空间形态重要特征是"大"，通过大广场、大会展中心、大公园等作为城市旅游形象塑造的手段。过度关注"大"尺度的结果也导致了对"人"的尺度关注不足，其中包括与人生活密切相关的"近人尺度"的街道设施的建设。

2. 借鉴 CI 原理关注城市旅游形象

企业通过 CI 产生营销力，而城市则通过 CI 产生形象力。通过借鉴 CI 原理中统一、符号抽象等手法来研究街道设施，对街道设施进行整合化设计，使其成为某种城市旅游视觉识别符号的可能性，进而为城市旅游形象起到强化作用。

3. 强化城市街道设施的内在联系

与修建"形象工程"相比，从真正"以人为本"的角度出发，改善街道设施成本并不高，但是却能够满足人的生活需要、影响人的行为，并为人们提供便捷的交流互动空间，凸显城市旅游形象的人文关怀。

第六节　课题研究的创新之处

一　课题研究的主要观点

本书针对目前城市旅游形象建设中的过度关注"大尺度"项目而

引发的问题，从街道设施出发，阐述街道设施与城市旅游形象的关系，提出街道设施整合化设计策略，以此对城市旅游形象起到强化的作用。

二　课题研究的创新点

（1）在关注城市"大尺度"形象空间的同时，街道设施通过其本身的数量、排列布局、形式等所形成的视觉累积效应同样对城市旅游形象产生强化作用。

（2）提出街道设施整合化设计概念及具体的原则和策略，即通过对街道设施的整顿、协调、重新组合来达到强化城市旅游形象的目的。研究以整体城市为宏观环境、街道设施为相对的微观环境对城市旅游形象生成的建构作用。

（3）街道设施整合化设计不仅仅包括其自身系统内部的整合，还包括与城市文脉、地域文化等的整合、街道设施建设相关部门的整合，这种做法除了会对城市旅游景观和城市旅游形象的改善起到推动作用，还会为城市街道设施系统的建设和管理节约大量的资金，并使其发挥最大效益。

第二章　城市旅游形象概论

第一节　城市旅游形象的概念

一　形象

形象，亦作"形像"。《吕氏春秋·顺说》："善说者若巧士，因人之力以自为力，因其来而与来，因其往而与往。不设形象，与生与长，而言之与响；与盛与衰，以之所归。"这里的形象是指具体事物。《东观汉记·高彪传》："画彪形象，以劝学者。"宋陆游《驾礼部曾侍郎启》："纪话言於竹帛，肖形像於丹青，垂之无穷。"北齐颜之推《颜氏家训·归心》："县廨被焚，寄寺而住。民将牛酒作礼，县令以牛系刹柱，屏除形象，铺设牀坐，於堂上接宾。"形象意指肖像、塑像、偶像。晋干宝《搜神记》卷十："汉蔡茂字子礼，河内怀人也。初在广汉，梦坐大殿，极上有禾三穗，茂取之，得其中穗，辄复失之。以问主簿郭贺，贺曰：'大殿者官府之形象也。'"这里形象指的是象征意义。

从心理学的角度来看，形象就是人们通过视觉、听觉、触觉、味觉等各种感觉器官在大脑中形成的关于某种事物的整体印象。有一点认识非常重要：形象不是事物本身，而是人们对事物的感知，不同的人对同一事物的感知不会完全相同，因而其正确性受到人的意识和认知过程的影响。由于意识具有主观能动性，因此事物在人们头脑中形成的不同形象会对人的行为产生不同的影响。

美国学者肯尼思·博尔丁（Kenneth Ewart Boulding）在他的著作《形象：生活与社会中的知识》里指出，一个象征性形象"是各类规则和结构组成的错综复杂的组织的一种粗略概括或标志"。从心理学的角度看，形象是人们反映客体产生的一种心理图式。这种图式可以看作是感知的联想集合体。形象是可以被感知、被评价的，它决定于事物本身，同一事物，在不同的感知者和评论者所产生的形象是不一样的，不同的感知者和评论者，由于他们的思想基础、教育水平、价值取向等都会产生不同的差异。差异也可以产生于事物本身，被感知的事物可以通过自身的努力，使别人改变对自身的认识。一个事物的形象既可以显示为这个事物的真相，也可以显示为一定程度的假象，因此，从根本上讲"形象设计首先是事物本身的设计，不是离开事物本身的设计去搞形象设计"。

二 城市形象

城市是一个不断发展的多层次的复合系统，其人口、资源、环境、经济、社会之间存在着内在的联系。城市社会经济的发展，不仅受自然条件的作用与影响，城市文化、人文特征、经济水平、科技教育、政府行为等诸要素所形成的城市形象，对城市社会经济发展的作用与影响已越来越显著。21 世纪是城市发展和城市形象竞争的世纪，品牌化的趋势已经从商业领域扩展到社会的各个领域，城市品牌化的发展是其中的一个重要领域，这种变化也正在挑战传统的城市规划以及城市形象建设，对于城市形象建设也提出了更高的要求。

（一）城市形象概念

所谓城市形象（City Image，CI），是指能够激发人们思想感情活动的城市形态和特征，是城市内部与外部公众对城市内在实力、外显活力和发展前景的具体感知、总体看法和综合评价。它涵盖政治、经济、文化、生态以及市容市貌、市民素质、社会秩序、历史文化等诸多方面。城市形象建设有利于推动城市经济发展，提升城市的影响力和竞争力，作为城市的一个窗口，向人们展现着城市的魅力和风姿，并承载着浓厚的人文气息，寄托着人们的情感和期望，突出展现着城市的风貌和人文风貌。

城市形象是在城市功能定位的基础上，将城市的历史传统、城市标志、经济支柱、文化底蕴、市民风范、生态环境等要素塑造成可以感受的形象，是城市各种内在资源挖掘、提炼、组合与具体工程策划、设计和实施相结合的"神形合一"。城市形象是一个全新的概念，它所涉及的是与目前城市规划、城市管理、市容建设等既相互联系又相对独立的一个全新的领域。进行城市形象设计，可以将城市整体的精神与风貌等特质予以提炼、升华，塑造独特的城市文化形象，充分发挥城市功能，从根本上改变目前城市建设雷同化、一般化的倾向，推动城市全面发展，创建名牌城市。城市形象就是城市文化的充分展现，城市形象推广的过程就是城市文化的推广过程。

（二）城市形象系统构成

城市形象系统是指在规划设计指导下对城市各个方面进行形象塑造以及借助传媒或其他渠道使之扩散，以期在公众心目中形成对该城市极富个性化特征的统一价值观的系统工程。城市是一个大系统，城市形象系统是这一系统中的一种文化表现形式，这就注定了城市形象系统是一个复杂的社会系统。城市形象系统的确立涉及政治、经济、文化等众多领域，是一个庞大的系统。系统是要素有机联系的整体，城市形象系统包含城市经营理念系统、城市主体行为系统和城市整体感知系统三个子系统，城市形象系统构成如图 2 - 1 所示。

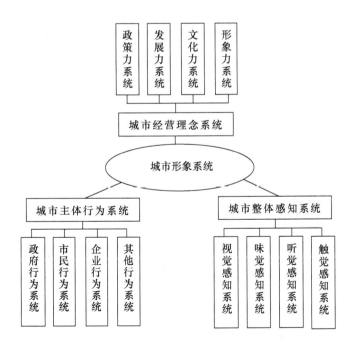

图 2 - 1　城市形象系统构成

城市经营理念系统是城市形象系统的灵魂，直接体现城市的经营哲学和管理水平，建构城市理念系统主要从政策力系统、发展力系统、文化力系统和形象力系统等方面入手，凝练出具有城市个性和差异的城市形象宣传的口号，以此推介城市经营理念。

城市主体行为系统是城市理念系统的外在行为表现，是城市经营理念在城市主体行为上的具体落实，这里的城市主体行为系统包括了政府行为系统、市民行为系统、企业行为系统和其他行为系统等，他们通过规范化的行为准则诠释城市的礼仪文化与形象。

城市整体感知系统是城市理念系统的知觉体现，包含了城市视觉感知系统、味觉感知系统、听觉感知系统、触觉感知系统等感知要素，是城市形象的最直观的体现。在城市整体感知系统中视觉感知要素最为重要，占到了全部感知信息量的90%左右，具体视觉感知要素包含了城市标识、城市色彩、城市建筑、城市广场、城市绿化、城市光环境、城市道路、城市导向等。除了视觉感知外，还可以通过触觉、听觉等其他感知要素传达城市形象。

三 旅游形象

"旅游形象"一词在学术研究中的表述，国外学者在进行旅游研究时多使用的是"目的地形象"（Destination Image），而国内学者在进行研究时使用了几种不同的或者类似的词语，如"旅游形象"、"旅游映象"、"旅游意象"、"旅游地形象"、"旅游目的地形象"等。因为这些概念内涵都比较类似，只是定义的视角和表述上有所不同，故出于简化起见，本书统称为"旅游形象"这一概念。旅游形象概念的界定是一个复杂的研究领域，其研究成果充满争议，但在争议中日益严谨和完善，对形象本质的认识也日益深刻。本书认为，所谓旅游形象是指旅游地的内外部公众（城市居民、城市旅游从业者、现实旅游者、潜在旅游者）对旅游外在景观特征和内在、历史、文化底蕴体验所形成的总体的、抽象的、概括的认识与评价，是对旅游地的历史印象、现实感知和未来信念的一种理性综合。旅游形象的实质就是整个旅游地作为旅游产品的特色和综合质量等级，它是旅游地的历史和现实发展实践与多方面功能所形成的、所表现出来的知名度和美誉度，是旅游地综合素质的反映。

四　城市旅游形象

每个城市对旅游者都有一个趋于一致的感知形象，在某种程度上，这种形象几乎固化在旅游者的心目中。通过独具特色的城市旅游形象系统，使该城市在世界城市之林中凸显，闪烁其特定的形象光彩，以期达到有利于整个城市与市民的发展目标。城市发展到一定程度后，功能不断完善，旅游功能逐渐成为城市的基本功能之一，城市旅游形象也就成为城市形象的重要分支。城市旅游形象的建设有助于城市形象的完善，同时城市形象的好坏也影响到城市旅游形象的优劣，两者相互影响、相互制约。但两者又存在一定的区别，城市形象强调城市整体的建设，侧重于城市实体景观（包括道路、街区、节点、路标、边界）和城市经济环境等方面的建设，而城市旅游形象的建设是以城市旅游景观的建设为主，其他的景观与环境作为辅助因素。

城市旅游形象是城市旅游吸引与包括旅游业"六大要素"在内多因素综合在人们心目中的总体感知印象，它体现的是对城市最高层次的概括性认识。一个城市的旅游形象是引发旅游者兴趣，激发旅游者出行动机的重要因素，也是形成城市旅游竞争优势的最有力工具。城市旅游形象是人们对城市总体、抽象、概括的认识和评价，直接影响旅游者的决策行为，建立独特、鲜明、有招揽性的旅游形象是城市旅游发展的核心。

城市旅游形象是人们对城市旅游产品、旅游设施、旅游服务功能等所产生的总体的、抽象的、概括的认识和评价以及对城市的认同程度。城市旅游形象对城市经济社会发展具有重要作用，反映了一个城市的整体声誉，已成为影响人们外出旅游选择旅游目的地的关键因素。依靠形象来激发旅游者的旅游动机和需求，是旅游地最有力的竞争法宝。塑造一个良好的城市旅游形象，提高城市的知名度，加快城市旅游市场的推广，最终促进城市发展。

城市旅游形象指城市的内外部公众对城市旅游外在景观特征和内在历史文化底蕴体验所形成的总体的、抽象的、概括的认识与评价，是对城市旅游地的历史印象、现实感知和未来信念的一种理性综合。其实质是整个城市作为旅游产品的特色和综合质量等级，是城市旅游的历史和现实发展实践与多方面功能所形成的、表现出的知名度和美誉度，是城市旅游综合素质的反映。

从视觉上看，城市旅游形象是一种标识，城市应以独特的标识和图形符号（如图案、标徽、字体等）达到其旅游形象迅速被识别出来的目的。从内涵上看，城市旅游形象是一座城市旅游整体水平高低和个性特色的综合体现。从城市旅游来看，城市旅游形象是城市旅游产品与服务区别于其他竞争城市旅游产品与服务的特点的总称，是具有一定知名度与美誉度的城市旅游综合内涵的概括。从社会公众的角度看，城市旅游形象是城市内外公众对城市旅游产品、旅游设施、服务质量和整体实力等的体验和评价。

第二节 城市旅游形象的形成

一 城市旅游形象的构成

城市旅游形象的构成指形象内部的组成成分及其关系，包括形象的客观构成和主观构成两部分。

城市旅游形象的客观构成要素包括一般性特征和特有性特征，它是目的地吸引游客的重要因素，如基础设施、价格、地方居民的友好程度、旅游服务等，如果旅游地不具有这些特征则游客不会满意，即使具有也不会因此吸引游客再次光顾；特有性特征是决定旅游地优胜劣汰的关键，包括景观独特性、特殊事件、环境氛围及特别象征等，是吸引游客产生购买动机及重复性购买行为的激励因素，是旅游地生存的动力和灵魂。

城市旅游形象的主观构成要素包括认知形象和情感形象。认知形象是旅游者对旅游目的地特点或属性的信任或认识，游客对于已知的特定旅游目的地的特性进行评估或了解，从而在内心生成的信念。由于旅游产品无法预先体验，所以潜在游客持有的评价主要是来自"感知的"而非真实的情形。情感形象代表的是旅游者旅游目的地的感情，如愉快的、令人兴奋的、有趣的、无聊的等。情感评价是个体对客观对象的感受，与旅游目的地选择的动机有关。认知形象是情感形象的基础，情感形象是认知形象在情感方面的反映。

二　城市旅游形象的生成

城市旅游形象的生成指在目的地信息与形象主体交互作用下，形象主体对目的地所持印象的发展变化过程。城市旅游形象分为原生形象和引致形象两类。

原生形象（Original Image）指个体通过教育或非商业营销性质的大众文化、公众传媒、文献等信息源形成的目的地第一印象，是内生的；引致形象（Induced Image）指受目的地有意识的商业广告、公关活动、宣传促销的推动影响而产生的形象。然而，由于旅游组织与一般传媒等建立有宣传关系，引致形象与原生形象的分类并不绝对互相排斥。在此基础上，法克耶和克朗普顿（Fakeye and Crompton）进一步将形象分为三类：原生形象、引致形象与复合形象，即除上述两类外，旅游者到目的地实地旅行后，通过自己的经历，结合以往的知识会形成一个更综合的复合形象（Compound Image）。

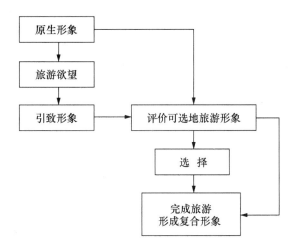

图 2 - 2　城市旅游形象形成过程

第三节　城市旅游形象定位

"形象"一般解释为能引起人们注意并导致人们产生心理变化的形态和印象。良好的形象是宝贵的资源，它能提高旅游地区的知名度和美誉度，因而能获得旅游者的好感和信任，使旅游地区形成强大的吸引力。城市旅游形象定位必须在形象调查的基础上，以城市旅游资源特色为基础，以客源市场为导向，通过科学的流程和精心的提炼，塑造出富有个性、独特鲜明的形象，是对城市未来发展的一种方向性判断、概括及总结。城市旅游形象定位的最终表述往往就是一句主题口号，通过主题口号来宣传和强化旅游形象，主题口号必须体现城市旅游资源的精髓和文化特色。

定位是将产品在潜在顾客的心目中确定一个适当的位置，国内学者先后探讨了定位的概念、影响因素、模式和意义。南开大学旅游与服务学院李天元教授指出，在旅游营销工作中，定位发生于目标市场选定之后，是企业及其产品在消费者心目中的形象定位。所谓形象定位，就是向消费者展现其有别于竞争产品或服务的特色，确定可以提供给旅游者的某种独特利益。城市旅游形象定位受城市区位、文化背景、市场发育、资源吸引、政府行为等条件制约，受政府扶持、科技创新、城市管理、市民行为等因素支持，其定位的模式有资源主导型、都市引力型、文化功能型、市场需求型、功能复合型。准确的形象定位，有赖于对城市个性特征和地方特色的准确把握，有赖于对城市文明的深层次理解，有赖于对旅游需求的主要形式的确定。

城市的旅游形象定位是城市旅游形象设计与传播的前提和核心，合理、恰当的城市旅游形象定位可以使该城市在激烈的产品竞争中保持特色，给旅游者以鲜明、有冲击力的感知形象，同时还可以指导地方政府和民间旅游投资。所以，本质上，城市旅游形象定位就是在判识城市旅游特色的基础上，确定城市旅游发展方向和建设目标的过程。

第四节　城市旅游形象设计

城市旅游形象设计必须立足于城市旅游形象定位，对城市旅游产品进行创意、构思、规划与包装，建立城市旅游形象识别系统，使城市旅游形象深入到旅游者心目中，从而增强旅游产品的吸引力、扩大市场占有率。因此，城市旅游形象设计必须围绕特定的旅游目的地进行。

一　城市旅游形象设计概念

城市旅游形象设计属于旅游地形象设计的范畴，目前对于旅游地形象设计的概念和模式尚无定论。综上所述，现阶段的旅游形象设计是以旅游地形象研究为启发，受企业 CI 理论和广告业的影响，在旅游业迅猛发展、旅游市场竞争日趋激烈等综合因素的作用下，基于对旅游地和旅游景点传统意义上的认识而形成的一种全新的形象识别和营销系统。

根据本书对城市旅游形象设计的研究，认为城市旅游形象设计的概念可理解为：以城市旅游的地域特征为依据，以科学、合理的旅游形象设计理论和方法为指导，以凸显城市旅游个性、增强旅游吸引力和综合竞争能力，促进城市旅游健康持续发展为目标的一系列活动过程。城市旅游形象设计在旅游市场和旅游资源分析的基础上，结合对规划区域地方性的研究和受众特征的调查分析，提出明确的区域旅游形象的核心理念和外在界面。城市旅游形象设计使旅游地政府和公众对本地旅游的资源核心、产品定位和发展目标有更清晰的认识，使旅游地在众多的同类产品中以鲜明的姿态出现在旅游者面前。在现代旅游业的发展当中，城市旅游形象设计正在发挥着越来越重要的作用。

（1）使地方旅游决策部门和公众对地方性有较深的理解，使决策者在众多的旅游资源中识别出最核心的部分，在此基础上，把握未来旅游产品开发和市场开拓的方向；使地方公众了解本地开发旅游的潜力和前景，增强旅游意识，积极参与地方旅游的开发和建设。

（2）为旅游者的出游决策提供信息帮助，旅游者在选择出游目的地的时候，面对众多不熟悉的旅游地及旅游产品，常常会犹豫不决。最近的研究认为，影响旅游者决策行为的不一定总是距离、时间、成本等一般因素，旅游地的知名度、美誉度、认可度或其他一些因素可能更为重要。旅游地通过形象设计，可以增加识别度，引起游客注意，诱发出行欲望。

（3）为旅游企业，特别是旅行批发商和旅行零售商提供产品组织及销售方面的技术支持，对于旅行社来讲，其线路的组织和产品包装，与目的地形象的建立与推广具有千丝万缕的联系。

二 城市旅游形象设计功能

城市旅游形象设计使旅游地政府和公众对本地旅游的资源核心、产品定位和发展目标有更清晰的认识，使旅游地在众多的同类产品中以鲜明的姿态出现在旅游者面前。城市旅游形象设计的重要功能体现在以下几个方面：

（一）吸引客源，促进城市旅游业的发展

城市旅游形象可以为旅游者决策提供信息帮助，旅游者在选择出游目的地的时候，面对众多不熟悉的旅游地及旅游产品，常常会经过比较、犹豫等复杂的心理过程。城市通过旅游形象设计，可以增强其市场的影响力，引起游客的注意，诱发出游动机。充足的客源是城市旅游业发展的基础。

（二）增强市场竞争力，促使旅游城市走向国际化

从某种程度上讲，旅游市场在特定阶段拥有的旅游客源是既定的。既定的客源在众多的目的地之间进行选择，势必造成竞争态势。就旅游城市而言，也可谓种类众多，其中不乏相互替代者。城市旅游形象设计就是要做到突出个性、独树一帜，从而增强市场竞争力。现实情况表明，中国旅游城市和国际旅游城市还是有差距的。要将中国发展成为旅游强国就要大力建设中国的旅游城市，城市旅游形象的设计则是中国旅游城市走向国际化的必由之路。

（三）为旅游企业提供产品组织和销售方面的技术支持

城市旅游形象可以为旅游企业特别是旅游批发商和旅游零售商提供产品组织及销售方面的技术支持。对于旅行社来讲，其线路的组织和产品包装，与目的地形象的建立与推广有着千丝万缕的联系。同时，城市旅游形象有利于旅游地各旅游企业同心协力、相互协作、发挥整体优势。

（四）增强城市的内部凝聚力，塑造强势城市旅游文化

任何城市都存在着传统，包括一般意义上的文化传统、习俗等，还包括政治传统和与人类社会发展相一致的城市文化，这是城市赖以生存的精神支柱。旅游形象的产生离不开城市居民以及旅游从业人员的认可和努力，这会使他们从中产生强大的内聚力，普遍树立主人翁

意识，提高文明程度和全民素质。这些都有利于塑造强势的城市旅游文化，为城市和城市旅游发展奠定基础。

（五）使旅游管理部门更加清楚地认识地方旅游资源的核心、明确发展方向

城市旅游形象设计使地方旅游决策部门和公众对地方性有较深的把握，使决策者在众多旅游资源中识别出最核心的部分，并在此基础上把握未来旅游产品开发和市场开拓的方向；使地方公众了解本地旅游发展的前景，增强旅游服务意识，积极参与地方旅游的开发和建设。

（六）有利于城市对外交流与合作

当今信息时代，任何城市的发展过程之中都要和外部环境相互依赖、相互影响。城市旅游形象设计有利于改善城市的自身环境，同时吸引外来资金、技术、管理经验和高级人才以促进城市全面发展；有利于促进旅游大环境的建设、加快城市对外交流；有利于城市与国际接轨，逐步走向国际化。

三　城市旅游形象设计原则

（一）地域性原则

旅游活动是指旅游者离开居住地到异地进行的旅行和游览过程。从旅游产生的机制来看，旅游客源地和旅游目的地在自然风光、民俗风情、历史文化等方面的差异性是产生旅游流的基础，因此，城市旅游形象的设计必须体现地域性原则，要个性化。地域性是城市旅游的核心，任何一个城市也无法摆脱它所存在的地域特征，城市旅游形象设计要将地域性原则上升到核心地位来看待。那种摆脱城市的地域特征而进行的城市旅游形象设计是不成功的，也不可能持续发展下去。只有深度了解城市所在地域的历史文化、地理习俗、社会风尚等重要特征，具有针对性地设计出符合旅游者需求，符合时代发展需要的城市旅游形象才更具现实意义。

（二）人本性原则

人本性原则就是在城市旅游形象设计中要始终贯穿"以人为本"。一方面，以旅游者为对象的"以人为本"形象设计应以能够吸引旅游者、方便旅游者为前提。无论是城市的形象定位还是口号设计，都要

便于旅游者记忆、选择和接受。有了客源市场，城市的旅游形象设计才有实际意义。如贵州省的黔东南苗族侗族自治州是联合国教科文组织确定的全世界"返璞归真、回归大自然"十大景区之一。其形象定为"人类保存得最古老的歌谣"、"人类疲惫心灵最后的家园"；杭州将其形象定位于"世界休闲之都"，充分体现了现代社会人们的一种需求和生活方式。另外，以广大市民和旅游从业人员为对象的"以人为本"原则强调在城市旅游形象设计中要调动这些人员的积极性和创造性，使他们能够认可和接受，并且愿意为该城市的旅游形象做出自己的贡献。

（三）市场性原则

市场性原则包括分析主要客源市场的方位、客源市场的构成、客源市场的需求规律，以及其他市场的旅游供给状况。根据分析结果来满足目标市场的需求。简单地说，就是要以市场为导向，切不可脱离实际为了设计旅游形象而设计。

（四）竞争性原则

旅游形象设计的目的之一就是使旅游地在众多的同类产品中脱颖而出，呈现在广大旅游者面前。这就要求旅游形象设计从定位、口号到包装、宣传都要突出主题，弘扬个性，增强竞争力。竞争性原则要求每一个城市的旅游形象都必须独树一帜，如"山水甲天下"的桂林、"精彩每一天"的上海、"动感之都"的香港等。鲜明的主题形象是激发旅游者的旅游动机、吸引旅游者前来游览的重要方面。面对日趋激烈的旅游市场竞争环境，认真地分析市场，科学地选择市场，把握竞争性原则，准确地进行城市旅游形象设计是城市旅游发展的必然选择。

四　城市旅游形象设计内容

城市作为重要的旅游目的地，其旅游形象设计主要包括以下几个方面：

（一）旅游形象市场调查

在进行城市旅游形象设计前，要明确设计目标及需要输入的信息。城市旅游形象设计的目标通常是较明确的，即消除不利于旅游者前往旅游目的地的成见和印象，设计有吸引力的旅游形象，并能使游客获得满足，留下深刻印象，产生重游行为或口碑效应。即便如此，旅游形象的设计目标仍然会有差别，目标的差异会带来设计方案的差异。一般来说，这些差异主要来自对旅游地形象现状的评估结果，一个地区旅游形象的现状决定着形象设计的目标，而明确的目标又决定具体的设计重点。

　　一般而言，城市旅游形象设计目标包括以下几种，如表 2 - 1 所示。

表 2 - 1　　　　　　　　　城市旅游形象设计目标

存在主要问题	设计目标
城市旅游形象模糊	设计鲜明的旅游形象
城市旅游形象欠佳	改造不好的旅游形象
城市旅游形象过时	设计崭新的旅游形象
城市旅游形象良好	维持、强化良好的旅游形象
城市旅游形象受损	有效弥补、恢复良好旅游形象调查阶段

　　即针对以上情况提出，通过市场调查首先明确城市旅游形象的现状，从而明确设计目标。主要包括旅游者信息调查、旅游形象构成要素调查两个方面。旅游者信息调查则包括旅游者的来源、旅游者的职业、性别、年龄、收入和出游动机等个体因素。旅游形象构成要素调查主要包括旅游景区（点）的建设、城市自然环境、社会风尚、旅游从业人员形象、旅游购物品、旅游企业形象等。也可将它们具体分为城市的旅游知名度、美誉度和认可度调查，城市的旅游知名度就是旅游者（包括潜在旅游者）对该城市作为旅游目的地的识别、记忆的状况；美誉度是指旅游者（包括潜在旅游者）对该城市作为旅游目的地的褒奖、赞赏和喜爱的情况；而认可度则是指旅游者（包括潜在旅游者）把该城市作为自己旅游消费对象的程度。旅游形象市场调查是其设计的基础和依据。关于旅游地形象的资料和信息，特别是关于旅游者对旅游目的地的认知形象一般很难有现成资料，需要通过问卷调查、电话访问、网上调查、与旅游者座谈等方式获得第一手信息。

　　城市旅游形象基本的调查过程主要包括以下几个步骤：

（1）确定调查目标；

（2）明确调查对象：包括国际旅游者、国内（区外）旅游者、区内旅游者、市民、旅游从业人员等；

（3）选择调查方式：包括实地问卷调查、电话访问、网上调查、与旅游者座谈等；

（4）选择调查的抽样方法：包括随机抽样（如方便抽样法、配额抽样法、判断抽样法、定额抽样法）和非随机抽样法（如简单随机抽样法：抽签法、随机数表法、系统随机抽样法、分群随机抽样法，分层随机抽样法：按比例分层抽样、无比例分层抽样）；

（5）拟定调查问卷。其形式主要有开放式问题、多种选择题、两分式问题、衡量态度的问题等；

（6）调查结果汇总分析。

（二）城市旅游形象定位

城市旅游形象定位是旅游地设计与传播的前提和核心。我们已经知道，旅游者在选择旅游地和进行旅游决策时，除了考虑空间距离、时间、交通方式和旅行成本等因素外，还非常重视旅游地的感知形象，只有那些在游客心目中具有强烈和美好形象的旅游地，才能吸引到旅游者。城市要在众多的同类旅游目的地之中脱颖而出，就必须在旅游者心目中树立强烈而鲜明的感知形象。形象定位是任何旅游目的地树立旅游形象不可或缺的环节。

形象定位不同于市场定位，形象定位理论的核心思想就是"去操纵已存在心中的东西，去重新结合已存在的联结关系"，强调定位的前提是分析消费者心中已存在的商品及其对商品的认知，形象定位是探讨如何使产品深入消费者的心中，被消费者接受。旅游业的发展也处于有形商品定位时代相似的社会背景中。一方面，游客可以选择的旅游地越来越多，旅游地之间的竞争也越来越激烈；另一方面，旅游产品本身也受到其他同种功能性产品的冲击和替代。因此，从旅游业发展的实际出发，旅游地以定位理论为指导，适应定位时代的要求。

城市旅游形象定位的方法主要有以下几种：

1. 领先定位

旅游者依据各种不同的标准和属性建立形象梯度，在这些形象梯度中占据第一位的就拥有领先形象。领先定位是最容易的一种定位方法，适宜于那些世界上独一无二、不可替代的旅游产品，如中国的长城、兵马俑和埃及的金字塔等。

2. 比附定位

比附定位就是放弃形象阶梯的最高位，而占据第二位。旅游地可以通过和人们心目中的第一位形象相比附来确定第二位的形象。如苏州、杭州先后定位于"东方威尼斯"等。其目的无非是利用夏威夷、威尼斯等世界上知名度很高的旅游地形象来提升自身的形象。

3. 逆向定位

逆向定位强调并宣传定位对象是消费者心目中第一位形象的对立面和相反面，同时开辟了一个新的易于接受的心理形象阶梯。

4. 空隙定位

比附定位和逆向定位都要与游客心中原有的旅游地形象阶梯相关联，而空隙定位全然开辟了一个新的阶梯形象。与有形商品相比较，旅游地的形象定位更适合于空隙定位。尽管旅游地的数量猛增、形象各异，但仍然存在大量的形象空隙，针对这些空隙进行特色定位，树立自身形象以吸引客源是这种定位方法的特点。

5. 重新定位

旅游地的形象如同旅游地的发展一样，同样存在着生命周期。面对旅游形象的衰退，采取重新定位的方法，即根据旅游市场和旅游者心理的变化及时调整形象，以新形象代替老形象。与此同时，城市旅游形象定位还要充分体现受众导向原则：即形象定位要符合市场受众心理预期并被其所接受；差别性原则：也就是说，要树立别具特色、有所差别的形象，产生独树一帜的印象；动态性原则：要求形象定位随市场环境而进行动态调整。

（三）城市旅游形象口号设计

随着旅游产业的不断发展，每个旅游城市也对自己提出了新的要求，其城市旅游形象口号要个性、鲜明、有独到之处，口号是城市旅游形象的精练表述。"中国最佳旅游口号"评选结果 2013 年 7 月 17 日在北京揭晓，山东省旅游形象口号"好客山东"在此次评选中拔得头筹。"好客山东"品牌始创于 2007 年，山东省旅游局在旅游市场开发的工作实践中意识到，一个省的旅游业要在市场竞争中掌握主动、焕发活力、求得发展，就必须打造整体品牌。基于这样一种理念，2007 年年底，山东省旅游局开启了品牌化发展之路，策划推出了"好客山东"旅游品牌，并配套了完整的 VI 识别系统。

图 2 - 3　山东省旅游形象标识

"好客山东"旅游品牌是优秀传统文化与现代旅游产业的有机结合，它通过凝练山东地域文化特征，将连绵 2000 多年的"好客文化"作为"好客山东"品牌的核心价值；同时，"好客山东"品牌又适应现代旅游业发展趋势，充分体现"以人为本"这个旅游产业的本质特征，既将其塑造成山东旅游品牌的文化标志，又打造成山东高品质旅游品牌的标志，加上各旅游城市联动推广，使"好客山东"成为引领山东旅游业发展的一面旗帜。

表 2 - 2　　　　　　　　　山东省部分城市旅游形象口号

序号	城市	城市旅游形象口号
1	济南	泉城济南　泉甲天下
2	青岛	追梦青岛　魅力世园

续表

序号	城市	城市旅游形象口号
3	淄博	齐风陶韵　生态淄博
4	枣庄	江北水乡　运河古城
5	东营	黄河入海　龙腾东营　黄海入海的地方
6	烟台	人间仙境　醉美烟台
7	济宁	孔孟之乡　运河之都　文化济宁
8	日照	人工海岸　水韵之都　太阳升起的地方
9	潍坊	风筝故乡　幸福潍坊
10	泰安	中华泰山　天下泰安
11	威海	千里海岸线，一幅山水画，走遍四海，还是威海
12	莱芜	美丽雪野　幸福莱芜
13	临沂	山水沂蒙　多彩临沂
14	德州	中国太阳城
15	聊城	江北水城　运河古都　生态聊城
16	滨州	孙子故里　生态滨州
17	菏泽	中国牡丹城　山东菏泽
18	曲阜	孔子故里，东方圣城
19	荣成	中国海洋食品城　生态宜居幸福荣成
20	乐陵	枣乡乐陵　枣来枣好
21	滕州	游湿地逛古镇　大美滕州
22	台儿庄	漫游江北水乡　寻梦古城台儿庄
23	即墨	千年商都　泉海即墨

城市旅游形象口号是旅游者易于接受、了解旅游地形象最有效的方式之一。进行旅游形象口号设计应把握以下几点原则和要求：

1. 具有针对性

一方面，要针对城市旅游的地方性特征，要求口号涉及内容必须来源于地方独特性，来源于旅游城市所在的地域特征。只有充分挖掘和深刻分析旅游地的地域背景，发现和提取地方性的元素充实到主题口号中，才能避免过于空泛。另一方面，要针对客源市场的需求。不同的客源市场在对旅游地的吸引力判断上会有不同的侧重点，这就要求旅游形象的口号设计要针对各个客源市场在文化背景、历史传统、审美取向上的差异性。同一旅游地对于国际客源市场、国内（区外）客源市场和区内客源市场在口号设计上要有所区别，强调不同的侧重点。

2. 体现时代特征

城市旅游形象的口号在表述方面要反映时代特征，要有时代气息，要反映旅游需求的热点、主流和趋势。现阶段，在以生态旅游、休闲度假、康体娱乐等旅游主题为特色，强调旅游业可持续发展的形势下，如何紧扣时代特征，科学、合理地设计旅游形象口号则显得尤为重要。

3. 语言凝练、朗朗上口

城市旅游形象口号要具有凝练、生动、便于记忆、朗朗上口等特点。必须能够打动旅游者的心，激发旅游者的旅游欲望，并使他们留下深刻的印象，从而得以广泛传播。

第五节　城市旅游形象认知

一　感知与认知

感知（Perception）是社会心理学中的重要概念，是心理学研究的一个重要基础论题。感知是人脑对直接作用于感官的客观刺激物的个别属性的反应，认知是人脑对直接作用于感官的客观刺激物的整体属性的反映。感知是认知的基础，是认知的内在组成部分，没有感知就无所谓认知。另外，认知的完整性和正确性也影响着感知的鲜明性和精确性。

形象是建立在人脑信息处理的基础上所形成的一种内在的信念和印象，形象来源并反作用于认知。认知是个体对信息的获得与使用的过程，通过这个过程我们得以对事件与关系方面的信息加以吸收与组织，从而笼统地说成"知晓"这个世界。人首先通过感官获得感知对象的信息，形成感觉；其次从感官的认识开始将感知对象的各种属性和特征形成一种整体性的认知，继而形成留在头脑中和记忆里关于认知对象的形象，而形象反过来会强化人们对特定事物的认知。

二　城市旅游形象认知

城市旅游形象认知是旅游者对某特定城市旅游形象认知的心理过程，它既是一种动态的过程，又是一种静态的结果。从过程上看，是旅游者在去对象城市旅游前后，通过感觉器官对城市旅游形象硬件和软件进行接触、观察、领会、感受和体验的一种过程。从结果上看，是旅游者在特定环境中结合个人的旅游经历及评判标准，对作用于感官的城市旅游客观刺激物的个别属性和整体属性所形成的一种独特的认识、印象和评价。

城市旅游形象认知是旅游者大脑中形成的关于城市旅游形象的印象和评价，它本质上来源于人类对客观世界的认知活动。城市旅游形象的认知不能脱离旅游者和旅游地双方的存在而存在，城市旅游形象认知是旅游者对城市旅游形象感应到的一种社会知觉，它是一种主观心理行为。从认知产生的时间来看，旅游者关于旅游地的总体认识和评价可以形成于旅游前、旅游中和旅游后三个阶段。从印象和评价产生的方式来看，既可以是决策时收集到的各种信息，也可以是对旅游地旅游产品和服务的体验。旅游者对城市旅游地的认知来源于多个方面，可以是旅游地的旅游产品和旅游服务，可以是旅游地的内在实力、外显活力和未来发展前景，也可以是旅游目的地的"硬件"与"软件"，还可以是对旅游地的历史印象、现实感知和未来信念的一种理性综合。总的来看，城市旅游资源特征及配套设施、城市景观、城市社会文化氛围是城市旅游形象感知的主要内容。

三　城市旅游形象认知的内涵

（一）认知的多样性

旅游形象认知的多样性不仅在于旅游形象研究内容的多学科性、形象认知性质的多样性，还在于旅游形象认知形成过程的多样性。首先，旅游形象建设需要多种学科共同来关注。其次，旅游形象认知中，旅游地要素特征和整体特征都可被看作是认知对象。最后，旅游形象认知形成过程包含不同旅游阶段中形象多种构成成分的相互作用。不同旅游阶段体现了旅游形象形成的动态性，而相应的不同构成成分间的关系则体现了其静态性。

（二）认知的相对性

旅游形象认知的相对性同时出现在游客与旅游地两方面。形象认知是游客对某些知觉的内在回应，由于并非每个人的知觉都相同，因此形象是主观的、因人而异的，同时，游客对构成形象的各种属性也会有强弱不同的主观知觉。另外，游客对特定目的地的形象认知，其实是相比较于其他目的地而产生的。

（三）认知的动态性

旅游者作为社会群体的一员，其对城市旅游形象的认知会随着认知主体、客体及所处的环境的变化而变化。此外，形象认知属于社会知觉，旅游者群体是一种社会群体，旅游者的形象认知必定会受到社会从众行为、社会舆论、社会群体规范等的影响，因此旅游者对旅游形象的认知是一个动态的过程。

（四）认知的主观性

旅游者对旅游形象的认知是一种社会知觉，是感觉器官直接接受社会生活事件的刺激而产生的反应。没有某种刺激就不会有相应的反应，这种反应具有直观性、表面性、具体性。但这种反应是凭借认知主体以往的知识经验进行的，因此具有明显的主观性。旅游者对旅游刺激的理解程度是以已有的知识经验为基础的，如果只有一般的知识经验，那么他们只能对有关刺激进行一般的理解；反之，如果具有非常全面的知识体系，对旅游者和旅游业有清楚的体会，他们对旅游影响的认知就会有特殊的理解。

（五）认知的局部性

从时间上看，旅游者在目的地只是做短暂的停留，因此所看到的只是部分旅游景观或旅游吸引物，具有肤浅性特征；从空间上看，时间及交通工具的局限会将旅游者在旅游地的活动压缩到局部的、有限的旅游空间，接触范围局限于景区景点、旅游设施、旅游服务人员等。很显然，旅游者对城市旅游形象的认知不是建立在对城市全面、深刻了解的基础上形成的，而是对一个城市的局部亲历及依据旅游者个性特征推断而得出的结论。

（六）认知的指向性

形象认知最重要的特征就是指向性，在每一瞬间，旅游者运用相应感官注意特定的对象，同时离开其他对象。认知的指向性，使形象认知可以从容不迫地反映某个对象，把握特定的外在形式与内在意蕴的对应关系，达到由外而内、由表及里地进行"观照"的目的。形象认知指向性的客观原因是对象刺激的鲜明性、新奇性和复杂性。从主观方面看，投合审美需要、激发审美情感，是形象认知形成的心理依据。一般来说，越是能契合主体内在的愿望、希冀和期待，就越有可能赢得格外的重视。

四　城市旅游形象认知的影响因素

若要理解旅游者对旅游地形象的认知机理与行为模式，则首先要了解城市旅游形象认知的影响因素，这些因素从不同方面、通过不同途径影响着旅游者的总体认知，从而最终形成旅游者对旅游地形象的认知。研究城市形象认知形成和发展的影响因子，有助于目的地划分目标市场以及确定在不同目标市场里所应树立的不同形象。

（一）旅游者因素

旅游者因素包括个体和群体两个层面，个体层面的因素包括心理特征、社会统计学特征、旅游成熟度特征三个方面；群体层面的因素包括旅游者相互影响、主客关系影响和旅游地其他群体的影响三个方面。

旅游者个体层面的因素，包括心理特征、社会统计特征和旅游者的旅游成熟度特征等都会对城市旅游形象认知产生重要影响。首先，在城市旅游活动过程中，旅游者的心境会因外界的刺激而有所变化，旅游者的个体心理特征如感觉、知觉、需要、动机、态度、价值观、心境等，会对城市旅游形象认知产生重要影响；其次，旅游目的地的选择都考虑到社会统计变量并把其作为影响目标、产品和目的地认知的传统消费者特征，这些变量，如年龄、性别、家庭生命周期、职业、收入水平、受教育程度、社会阶层、居住地点等会对城市旅游形象认知产生重要影响；最后，旅游前准备行为、游客成熟度、旅游期望明确度及超过期望程度之间可能存在一些联系，旅游者的旅游成熟程度对旅游形象认知有重大影响，成熟的旅游者在旅游中会表现出较大的选择性和独立性，注重活动的参与性，既重视旅游的结果也重视旅游的过程；不成熟的则表现为有较大的盲目性和依赖性，对旅游地的形象认知较为主观、片面。

旅游者群体层面的因素大致有三种：第一种是旅游者之间的相互关系，游客量的多寡、旅游活动的特点、旅游者之间的亲密程度会影响旅游者对旅游地的形象认知；第二种是旅游服务人员与旅游者之间的关系，称为主客关系，旅游地各类群体，特别是旅游服务人员及旅游地居民，对旅游地的评价及对待旅游者的态度，会对旅游者的旅游形象认知产生重要影响；第三种是旅游者与旅游地其他人员的关系，旅游地其他各类群体（市民、旅游服务人员和旅游经营者除外），特别是各类城市外来短暂居留人员和流动人员，如自由职业者、乞丐、外来务工人员、流浪汉、罪犯、残疾智障人员等，这些人的精神面貌和行为举止，在旅游者看来，这些人的一言一行是城市旅游形象的重要组成部分，是城市市民素质的塑造者和体现者，都会影响城市旅游形象的增值。

（二）旅游地因素

随着旅游业的迅速发展，旅游市场竞争日趋激烈。城市旅游形象营销作为旅游地经营发展的新战略和手段越来越受到重视，并在实践中逐步得到运用。旅游地自身的认知属性、整体特征、环境氛围，旅游地之间的形象遮蔽（屏蔽、替代）效应、时间优势效应、形象叠加效应和形象带动效应，客源地与目的地间的时间距离、空间距离、精神距离和文化距离，都会对城市旅游形象认知产生重要影响。

每个旅游地的市容、市貌都会给旅游者留下深刻的印象。旅游地社会文化氛围包括市民素质、民俗民风、思想观念、社会秩序、服务态度等，它直接反映了旅游地的文明程度，是旅游地旅游形象认知不容忽视的因素，能给旅游者以深刻的心理体验。可见，旅游地旅游发展整体特征不只是旅游服务行业内部的问题，它是旅游地各功能要素综合作用的结果，只有将旅游地系统内部各要素组织好，才能塑造一个良好的城市旅游形象。

（三）气氛环境

人与环境的相互作用说明：环境不能创造人的行为，却能在一定程度上鼓励或限制人的行为。城市气氛环境是构成城市旅游形象的主要要素，是城市多种文化特质的综合，包括所处位置、地理环境、历史沿革、行政区划、空间结构、文化背景等。城市气氛环境是城市作为环境整体给旅游者带来的某种感受和情绪的心理现象，它通过空间物质的有机组合表达出来。城市的空间、色彩、小品、环境景观、街道设施、居民等要素经过适当的组织，能带给旅游者丰富多彩的气氛环境。这种气氛是一种扑面而来的文化感受，如哈尔滨的俄罗斯风情、杭州的江南风韵、上海的海派时尚、苏州的园林情致。城市的旅游气氛环境主要强调一些不同的特点和感受，是一种形象和意境的结合，从而激发旅游者的游览兴趣。

（四）环境因素

旅游目的地形象一经形成并非一成不变，它会随着时间的推移并在外力作用的影响下发生变化，影响其改变的外力因素主要有：自然环境因素和社会环境因素。

自然环境是环绕人们周围的各种自然因素的总和，如大气、水、植物、动物、土壤、岩石矿物、太阳辐射等，为旅游者的各类旅游活动提供场所和条件。自然环境因素对旅游形象认知的影响主要表现在其负面效应上，这些负面效应包括地质灾害、自然风化、大气污染、气象灾害、生物危害等。此外，季节更替会造成旅游目的地所具有的各种资源特质发生变化，并引发季节性旅游需求，进而造成旅游者对旅游地形象认知的季节性差异。

社会环境是在自然环境的基础上，人类通过长期有意识的社会劳动，加工和改造了的自然物质、创造的物质生产体系、积累的物质文化等所形成的环境体系。社会环境因素对城市旅游形象认知的影响，主要表现在政治动乱、流行文化、各种媒体（电影、旅行指南、杂志等）、旅游地重大活动等方面。事件引致的目的地展示，如设施建设、事件期间的氛围等在形象塑造上起积极的作用，超过事件本身，如2008年北京举行的奥运会、2010年上海世界博览会等。国际性的重大赛事在短时间内可以改变旅游者对一个旅游目的地的形象认知，但这种变化与旅游者的国籍、受教育程度、年龄以及职业等都有关系。

第六节 城市旅游形象提升

随着社会的发展，旅游业已成为全球经济中发展势头最强劲和规模最大的产业之一。旅游业在经济发展中的产业地位和经济作用逐步增强，对区域经济的拉动性、社会就业的带动力，以及对文化与环境的促进作用日益显现，也因此具有"无烟工业"和"永远的朝阳产业"的美称。作为我国经济发展的支柱性产业之一，伴随旅游业竞争的日趋激烈和旅游者需求层次的逐渐提高，我国旅游业已由过去单一的产品和服务竞争转变为形象的竞争。塑造良好的旅游形象逐步成为旅游城市旅游业发展战略的重要组成部分，在创建全国优秀旅游城市的过程中，每一个旅游城市都力图塑造一个良好的旅游形象，以期在旅游竞争中获得主动权。经过改革开放 30 多年的努力，中国许多旅游城市都有了长足的发展，但由于受旅游资源特点、区位条件、旅游配套设施等多方面因素的限制，许多城市的旅游形象并不鲜明，在旅游项目开发上也趋于雷同，这将不可避免地导致城市旅游形象的模糊化，从而丧失竞争力。同时，由于旅游形象对人们的旅游行为有着重要影响，且旅游形象具有一定的稳定性，一旦形成就不易改变，所以在如今这样一个竞争激烈的世界里，业界对旅游形象的关注超过了以往任何一个时期。

当今社会，城市旅游业的快速发展，旅游产业规模不断扩大以及在国民经济中的地位不断提升，成为许多城市的重要产业甚至是支柱产业。不可否认，任何一个地方都是潜在的旅游目的地，任何一个人都是潜在的旅游者，面对竞争激烈的旅游市场，将潜在旅游者转变为现实旅游者，首先要解决的问题是旅游形象的塑造和提升问题。

一 城市旅游媒体形象提升

媒体营销传播形象是提升城市旅游形象的重要途径，它是指目的地城市以各种媒体技术和渠道为载体，主要通过文字、声音和画面符号等输送的信息建立起的一种目的地"虚拟形象"。现在各大媒体均出现的城市旅游形象广告就是最好的例证。城市旅游形象媒体传播既是城市形象的内聚与强化，也是城市形象的传播者和助推器。当今社会人们时时身处大众媒体信息的汪洋大海之中，旅游目的地城市必须超越时空距离将自身信息有效地传播给客源地受众。传播学认为，传播的关键在于形成传播者与受众之间思想、观念或态度的共鸣。传播本质上是一个目的地传播者通过信息编码将形象符号传至客源地受众，后者通过符号解读（信息解码）获得目的地形象信息的过程，亦即旅游目的地与客源地互动的过程。

城市旅游形象传播的主要渠道可分为四大类：人际传播、组织传播、大众传播和其他潜在渠道传播。

（1）人际传播主要是通过目的地居民或旅游者的口碑进行的传播；

（2）组织传播是目的地政府、旅游业界通过各种媒体广告、促销方式对目的地形象的宣传推广；

（3）大众传播是报刊、电视、网络等大众传媒对目的地的各类新闻事件报道；

（4）其他潜在渠道传播主要包括影视片拍摄地、文学艺术作品、历史典籍、课本读物、名人关联地、邮票货币图案等自然传播。

其中，人际传播、大众传播和其他潜在渠道传播一般为非目的性传播，商业性较弱，组织传播一般为目的性传播，尤其是广告促销等方式商业性较强。

二　城市旅游景观形象提升

旅游景观形象是提升城市旅游形象的物质基础，景观空间蕴含的城市意象铸就了城市旅游形象的灵魂，景观空间所呈现的物质形态演绎了城市旅游形象的个性特征。

旅游景观形象是城市意象的外化和表达，也是城市意象的引导者和孕育者。景观形象中蕴含着丰富的地脉与文脉信息，构成了城市意象的基本载体。城市意象是一个旅游目的地悠久的历史文化、强烈的民族气质和丰富多彩的地方特色的综合体现，发掘和彰显城市意象，是城市旅游形象系统的灵魂工程。

目前对于城市意象研究成果普遍采用凯文·林奇的研究结论，即道路、边缘、区域（街区）、节点和标志物五种要素组成城市旅游景观形象的结构要素。尽管对于居民和非居民而言，目的地景观要素的具体内容并不完全相同，而且要素的空间组合和价值意义也不完全一样，但在类型上仍有较大的一致性，可以把城市空间形象的景观要素概括为区域、标志物、节点、路径和边界五种类型。

表 2-3 城市旅游景观要素类型及内容

要素类型	内容
区域	城区 CBD、RBD 或 TBD，历史文化街区，风景名胜区，高科技园区，公园和园林绿地，大学园区及其功能区域，郊区及县镇辖区等
标志物	城区最高最大的建筑、历史最悠久的建筑和有特色的建筑物和景观，具有人文内涵和象征意义的建筑、景观以及独特的自然景观等
节点	机场、火车站、码头等城市门户，城市广场，重要的交通网络交叉点，重要的交通站点、桥梁等
路径	旅游通道、城区主要街道、步行街、河流水系等
边界	城市边缘、街区分界线、城乡分界线、城市景观分界线、水域景观岸线等

城市旅游形象的提升是一个复杂的系统工程，作为目的地形象建设的物质基础，城市景观空间形象的系统化设计是城市旅游形象提升的有效途径。上述五种要素相互组合构成了城市景观形象。旅游者通常由机场、车站等城市门户节点进入目的地，经主要交通路径接触区域、访问节点、观察边界，道路穿插其中，标志物点缀其间，从而形成相对完整的城市旅游景观形象。本书重点研究的即是穿插与五要素中间的街道设施系统，对其进行整合化设计有利于城市旅游形象的提升。

三 城市旅游认知形象提升

公众对于旅游地的认知形象是公众形成的关于某地城市旅游形象的心理感受和情境体验，具备城市旅游形象的主体体验与反馈修正的双重功能。对旅游地旅游认知形象的再塑是提升城市旅游形象的精神内核。如前所述，城市旅游景观形象因素是目的地旅游体验的物质变量，构成目的地城市旅游形象认知的直接对象；城市旅游媒体环境因素构成了公众对目的地城市旅游形象认知的拟态链接；公众个人因素则是目的地城市旅游形象认知的主体变量，既有个体属性，也有社会属性。这些因素共同构成了城市旅游认知形象的影响因素。

城市旅游地认知形象优化设计的本质是媒体形象的服务环境支持系统，它是目的地城市旅游发展综合水平的直接体现。其核心在于增强公众的情感认同与归宿，表达形式应当针对旅游者及当地居民两个主体来提供更人性化和精细化的细节服务环境。对旅游者而言，旅游服务环境的人性化与精细化设计体现在媒介形象的柔性传播渠道以及旅游者实地游览过程中；对当地居民而言，旅游服务环境的人性化设计目的在于提升其生活品质并增强当地居民的主人翁意识。

城市，或是历史的见证，或是现代气息的体现，作为国家或者地区政治、经济、文化、商贸和信息的中心，城市旅游功能不断增强，竞争也越发激烈，城市旅游形象逐渐成为旅游者选择旅游目的地重点考虑的因素，在现今的信息时代，旅游者的自主决策意识大大增强，他们也越来越依赖旅游地形象做出旅游决策。建立一个鲜明、独特而富于吸引力的旅游形象，对于一个城市形成自身优势，提高知名度、识别度、美誉度以及积极引导旅游者做出旅游决策具有极大的推动作用。

第三章　城市街道设施概论

　　街道是城市的脉络，是形成城市风貌的重要因素。当人们回想某个城市时，在脑海里最先出现的常常是那个城市的主要街道。街道设施是城市街道景观中较为重要的一部分，街道设施的创意与视觉意象，直接影响着城市街道空间的规划品质，反映着一个城市的经济发展水平以及文化水准，映射城市的人文关怀，城市街道设施设计作为城市建设的重要组成部分，对弘扬城市特色文化、塑造城市旅游形象起到了无可比拟的作用。

第一节　城市街道设施的概念

一　街道家具

　　美国著名都市和景观设计大师劳伦斯·哈普林（Lawrence Halprin，1916—2009）在其关于现代城市景观的著述《都市》（*Cities*）一书中说："一个都市对其都市景观的重视与否，可从它所设置的街道桌椅的品质和数量上体现出来。"哈普林应该是第一个使用"街道家具"这一提法的人。街道家具早期是指在街道摆设板凳、桌椅以供行人在行走劳累之时休息用。后来，这一概念逐渐向城市景观设计延伸，而且将街道上的其他设施，诸如，垃圾桶、邮筒、电话亭、城市指示系统、灯具等也都统称为"街道家具"。

　　"街道家具"英文为 Street Furniture，法文为 Mobilier Urban，西班牙文为 Mobiliario Urbano，直译为"街道的家具"，简略为 SF。类似的词汇有城市装置（Urban Furniture）；在欧洲称为城市元素（Urban Element）；在日本解释为"步行者街道的家具"或者"道的装置"也称"街具"。在我国还未正式确定统一的概念，人们对"城市家具"概念的引用大多翻译为"公共环境设施"一词，也有"城市环境设施"或者"城市街道设施"的称谓。

稍稍留意欧洲都市的发展演变，我们就会发现中世纪与文艺复兴之后的都市有着迥然不同的形态和性格。中世纪的都市呈现出有机的自然状态，居住建筑稠密、街道狭窄。当时最重要的城市空间即为"广场"，由广场与教堂、市政厅建筑共同构成了城市公共空间的重点，正如哈普林所说，"中世纪的都市，广场是当时人们居家的客厅"。当时的街道只供通行之用，加之建筑物的尺度与街道尺度的协调，街道空间具有小街巷的亲切感。此时的街道与广场分工明确，一个是线式的穿过空间，另一个是围合的驻留场所。文艺复兴至巴洛克时期的街道空间则开始往规整化发展，呈现为有规划的几何形。不论是呈棋盘式或是放射状的街道，都讲求直线式、通畅和宽敞的布局。然而，随着工业革命的到来，尤其是汽车的出现，交通工具的变革使城市街道空间发生了巨大的变化。19世纪末至20世纪中叶，都市街道是为汽车服务的，不断拓宽的车道、不断延伸的高架桥，城市为了路面交通而牺牲着街道空间、形态、功能以及景观环境。20世纪70年代后，人本主义思想重新抬头，都市设计的观念开始兴起。都市规划与设计专家提议将汽车赶出市中心，把街道空间归还给市民舒适地使用。于是，街道功能被重新定位，除去传统的交通功用外，还衍生出商业、休憩及社会公共活动等多元化的功能。这些功能均以"人"作为中心，而不是"车"，这是街道规划设计观念的一次重大转变。由于街道的功能转而以满足人的活动需求为目的，"街道家具"这一称谓也就应运而生。

对于城市景观环境设计而言，街道的重要性不亚于广场或公园。街道家具的有无、数量的多少、品质的优劣以及配置的适合程度等，均会对整条街道的"城市景观"造成影响，进而影响整个城市综合景观的整体效果，且它会从环境心理及行为上，直接影响街区及城市的商业效益。同时，城市景观的整体效果将直接反映市政建设的得力与否。因此，近年来，世界各大都市均将其城市景观的塑造置于重要位置，如何表现出各自城市的特色已成为市政施政的主要目标之一。城市街道家具是伴随城市的发展和社会文明而产生和发展起来的，城市街道家具是人与环境的纽带，它遍布于我们生活的城市街道环境中，是城市景观的主要要素之一。在城市的每个街区中，各式各样的街道家具给人们提供各种便利服务，也为提高城市功效和提升城市旅游形象做出了巨大贡献。

"街道家具"是城市景观设计中不可缺少的重要元素，它与城市景观的其他要素共同构成了城市的特质，体现着城市的生活价值取向及文化内涵。"街道家具"首先是供人们使用的，其次它还能诱导人们行为的发生以及愉悦人们的精神。各种"街道家具"都以其特殊的形态满足人们的使用要求，灯具满足照明需求、坐具满足休息需求、导游灯箱满足信息需求、艺术设施满足精神需求等。这些需求会因户外场所的层次而产生微妙的变化，因城市面貌的需要产生变化，这些变化相互影响、相互作用，从这些小家具自身的变化反映出城市品位的提高，展现着城市生机勃勃的魅力。

二 城市街道设施概念

"街道家具"在国内普遍称为街道设施。在当今的城市生活中，我们离不开各种各样的街道设施，街道设施是与我们生活密切相关的一种室内外辅助设施，街道设施设计是伴随城市发展而产生的融工业产品设计与街道环境设计为一体的，它由人类的发展而产生，并遵循城市的发展和城市构成的要求而发生变化。长期以来在人们的印象中，城市街道设施就是城市道路的附属品，它的存在说到底是以城市的存在为依托的。但是街道设施"作为优化社会群体的人们生活方式的理想工具和环境的现代城市，负载着人们社会的、文化的生产生活的重要职能。作为工具，它为人们的各种社会活动提供了所需要的场所、空间设施、资源、信息传载、物资交流等物质条件与生活便利"。

城市街道设施是指城市道路系统中为人们活动提供条件或一定质量保障的各种公用服务设施系统，以及相应的识别系统，它是社会统一规划的具有多项功能的、免费或低价享用的社会公共资本财产。它们是为满足人类的需求而设置在人造环境景观与自然景观中的具有使用功能的景观设施，它可以保护人类生存环境、扩展自然景观，为人类提供美好的精神空间。它们既具有很强的使用功能，又必须具有一定的审美功能。

街道设施设计的着眼点在于研究公共空间、城市环境、现代人三者的关系，具体的探求对象为：空间、行为及设施要素组成的行为场所。街道设施设计与人们的户外活动关系密切，街道设施是促进人与自然直接对话的道具，起着协调人与环境的关系的作用，帮助人们相互间清新自然的交往，是丰富市民生活、完善城市服务功能、提高城市质量的重要组成部分。城市街道设施在城市中使用最多、分布最广，而又与人群接触最为密切的公共设施，街道设施的存在决定了城市空间的性质及空间中人的活动方式。城市街道设施设计作为城市空间的要素之一，已是城市公共设施不可缺少的一部分。城市街道设施在显示着城市经济实力的同时，也体现着市民的生活品质，传递着城市的文化艺术信息。街道设施的存在与演变体现了人类的文明程度与城市的发展程度。

三 城市街道设施的发展历史

当我们翻开尘封的历史，我们发现最早的城市公共设施的出现可追溯到上古时代祭祖祭天的公共场所，公元前 312 年古代罗马人先后修建的大型输水道可以说是最早的公共设施。从这个时候开始城市公共设施的雏形便应运而生了，而后慢慢演变成为今天矗立在城市街头的街道设施的现有面貌。在罗马帝国时代，城市几条交通要道的交叉口或广场上耸立起尖碑和凯旋门，它既成为统治者权力的象征，也是城市规模与方向的指认系统。早期的希腊、罗马城市中建设有广场、露天剧场、竞技场、演讲台、长廊等公共场所，雕塑、喷泉池、路灯等这些街道设施也被设计制作成与它们和谐对应。在法国，街道两侧以圆柱装饰，圆柱的高度、柱头的细部设计、柱与柱之间的距离都是用统一的模式完成的。可以说这是城市建设规划与街道设施结合的最早例证。

中世纪的欧洲，随着现代意义的城市逐渐兴起，真正意义的城市街道设施才开始变得普及起来。至十七八世纪，都市空间环境一直被作为理想化和美学化的对象，这一时期喷泉、纪念柱、方尖碑之类的装饰与雕刻，人类的精神生活得以与人类文明的成果——城市相互融合。18 世纪法国巴黎大改造时期，当时改造后的巴黎香榭丽舍大街两旁整齐地布置了街灯、报亭、广告柱和座椅，其风格采用两侧建筑的新古典主义式样，使得巴黎成为最美丽、最适合人类居住的城市之一。18世纪下半叶开始的工业革命，逐步引发了城市空间的巨大变革。工业化使人口大规模向城市集中，传统城市以家庭为中心的空间格局、城市空间尺度与建筑空间尺度一同被瓦解。出现了烟尘弥漫的工业区，喧嚣嘈杂的交通运输区，混乱不堪的商品交易区，肮脏拥挤的工人住宅区以及恣意堆放的仓库码头相互交织的城市格局，但是在几百年的工业发展中，城市也逐渐地成熟起来，政府在街道设施建设中的投资力度大，街道设施构建齐全，非常方便人们的城市生活。去过西方国家的人们都有一种突出的感觉，城市街道设施十分健全，无障碍设施遍及市区的每一个角落，整个城市充满了人文关怀。而在大多数发展中国家，城市街道设施与城市的发展并不是同步的，街道设施的发展相对落后。

后来随着城市的发展，现代意义的城市兴起以后，街道设施变得更加普及，但是在人本主义理论兴起以前，街道设施在设计时很少考虑到人的特殊需要，也没有从人文关怀的深度去考虑。有的街道设施仅仅考虑了实用和经济，有的只是彰显了对王权和神权的崇拜，它们很少关注人，更谈不上人性化设计了。当20世纪50—60年代在美国以亚伯拉罕·哈罗德·马斯洛（Abraham Harold Maslow，1908—1970）、卡尔·R.罗杰斯（Rogers，Carl Ransom，1902—1987）为代表的人本心理学派兴起以后，人们在设计街道设施时，开始逐渐认识到街道设施设计应该以人为核心，为人而设计。

自从有了城市就有了建筑、广场、街道、集市、码头，进而产生了社区、公园等公共环境空间及活动场所，随着社会的进步，城市化进程也就进一步的细化，一些具有悠久历史的城市文化与一些现代化的大都市都拥有完备的街道设施系统，巴黎街头到处可见的实用功能的饮水机、路灯、指示牌和设计新颖的现代街道设施的自助系统、电话亭、公共汽车站等，我们可以从城市街道设施看到巴黎城市发展的脉络与辉煌的历史和现代化大都市的身影。图3-1是巴黎地铁12号线Abbesses车站的入口设施，源于新艺术运动时期建筑师赫克多·吉玛德（Hector Guimard，1867—1942）所设计的巴黎地铁入口，这也成为当时法国新艺术风格的代名词。

图 3 – 1　巴黎地铁 12 号线 Abbesses 车站的入口设施

今天的街道设施与古代以前概念意义的传统小品设施有着根本性的不同。以实用功能为主的工业化批量生产的设施产品替代了以精神象征功能为主的手工生产的街道设施，在发达国家，街道设施设计与城市建设是同步发展的，并配套成体系的，相关的法规政策制定得也比较完善健全。

在中国，早在宋代作为人们日常生活所必需的环境设施就已经出现了。我们所熟悉的《清明上河图》中，清晰地看到北宋时期京都繁华街道上随风飘扬的店铺幌子和各种招牌，以及供百姓们饮水的水井等。宋代在继唐朝的全面繁荣之后，经济和城市的建设上都取得了相当大的成就，夜市、消防、慈善救济等体现城市公共性的方方面面，甚至包括城市街道设施的类型和设计，可以说都达到了中国历史上的最高水平。但是由于种种原因，作为城市附属品的街道设施没有引起大家的足够重视，而到了今天，随着我国城市化进程脚步的加快街道设施正逐渐成为城市空间环境不可缺少的整体要素，成为城市特有景观面貌和人文气质的代表，也展示出越发多样化的趋势。

图 3 – 2　清明上河图（节选）

城市街道设施在世界各国的发展是不平衡的。在欧美以及一些经济发达的国家，因为工业化程度较高，经济力量比较强大，在街道设施建设中的投资比较大，街道设施的建设也比较完善；但在发展中国家，特别是非洲等经济不发达的国家，街道设施的发展比较落后。我国的街道设施发展经历了漫长的过程，虽然古代的神庙、集市，封建社会的城市、庙宇、码头等公共设施，在当时是世界上比较发达的，但是到了近代，由于工业化起步比较晚，经济比较落后，街道设施的建设落后于西方的发达国家。新中国成立后，特别是改革开放后，我国的各个城市都加快了现代化城市建设步伐，注重城市街道设施的建设，关注城市发展和人的关系。

四　城市街道设施发展趋势

随着社会的发展，城市也越来越复杂，街道设施的种类和功能也将随之发生变化，可以预见，社会的改变、科技的发展将使我们所生活的城市面临新的问题，街道设施的设计与植入也更趋向多元化、智能化、艺术景观化的趋势。

（一）街道设施多元化和专业化

不同阶层、不同年龄的人在不同的场合对街道设施有着不同的需求；科技的发展也为街道设施由单一走向多样提供了生产制造的条件，同时新产品的发明也带动了与之配套的街道设施的开发。街道设施设计已从传统意义的喷泉、饮水机、休息座椅等单一的几种产品向多品种、更加专业化的方向发展。电脑的出现产生了智能化的自助系统，如提款机、卖报机、智能公厕等，而且分类越来越专业化。图3-3是迈普公司生产的迈普智能生态厕所，使用全过程包括照明、换气、有无人指示、温度控制、故障判断示警等均为自动控制。采用微生物降解技术具有分解粪便及其他物质的功能，同时这些微生物把粪便作为自身的营养物质，在不断的传代繁殖，维持智能生态厕所的长期有效工作。智能生态厕所处理系统本身具有除臭的功能，加上自然排风和安装排气扇相结合的方式如厕环境无异味。无须清淘、清运，微生物加入技术简单易操作。智能生态厕所使用的微生物不会对环境造成污染，特别适用于城市街道、大型集会、旅游景区等区域使用。

图3-3 迈普智能生态厕所

（二）街道设施智能化

每一次的技术进步都给世界的各个领域带来巨大的变革，设计领域更是如此，街道设施设计也是伴随着一场场的变革而不断地发展，进一步地向智能化迈进，并且技术生产方式的进步使原来不可实现的设想成为可能。计算机技术及网络技术的发展带动了自助系统的兴起，旅游导引地图牌这个单一不变的功能识别已被可以触摸选择的电脑智能化的资讯库所替代。图3－4是北京百万人实业发展有限公司开发的智能化多功能公交候车亭项目。

图3－4 智能化多功能公交候车亭项目

（三）街道设施个性化和本土化

街道设施的创作、材料、环境意象和表现方法等，在趋向国际化、标准化的同时也正向个性化和本土化的风格发展。从现代科技、文化和哲学发展来看，人类各个民族及其文化正在实现空前的交流与沟通，许多艺术理论、城市设计思想以及建筑和哲学思潮都具有国际性的影响。在文化交流、科技进步带来的"文化趋同"的趋势下，探索设施设计的本土化和个性化将是设计师们面临的至关重要的工作，图3－5是体现苏州庭园建筑特色的公交车候车亭。

（四）街道设施人性化

以人为本是街道设施设计的出发点，人性化设计主要体现为以下三个方面：

（1）满足人们的需求和使用的安全；

（2）功能明确、方便；

（3）对自然生态的保护和社会的可持续发展。

图 3 - 5　苏州市街道公交候车亭

从使用者的需求出发，提供有效的服务，省时、省力，将是今后街道设施设计的发展方向之一。

（五）街道设施工业构件标准化

现代化街道设施设计的工业构件的标准化与模块化趋势主要从以下三个方面加以考虑：

（1）从降低成本考虑。由于街道设施设计的种类多、需求量大，所以工业化生产构件的互换化、多元组合拆卸、装配为批量生产提供了捷径，大大地降低了产品设计的成本，同时减少了包装和运输费用。

（2）从生态环保考虑。在工厂生产出高精度的标准化配件、现场组合安装、提高了生产效率的同时，又便于维修和拆卸，这样既方便了行人与车辆，又免除了现场施工的噪声与尘土，缩短了施工周期，有利于环境的保护。

（3）从时代性考虑。由于街道设施是城市文化载体，体现了城市文明，同时工业化也体现了一个国家和地区的现代化的发展水平。现代技术的高精度的构件组合、新材料的运用，能更好地体现出时代精神。

（六）街道设施整体化

现代街道设施设计已不单单是孤立的单一化的产品设计，它已越来越融入环境的整体设计之中，越来越重视单一产品设计后的规划与组合，每一产品设计也不仅仅限于一种形态与色彩，而是形成一个系列。比如同一造型的果皮箱的设计，在色彩上就可以多样化些，多种多样的色彩，置于某一场景，在大环境中起到了调节作用，活跃了景观的氛围。再如自行车存放架的设计如与花架、媒体广告、休息座椅很好的结合，不但起到了规范自行车无序停放的作用，更起到了扩展景观空间、美化环境的作用。在街道设施的规划设计上，座椅、果皮箱、路灯等也不仅仅限于满足功能的需求，如路灯应按理论光照计算，需多远放置一个，座椅、垃圾桶多远距离才合理，而是更加艺术化、景观化来处理。图3-6是荷兰阿姆斯特丹的一个广场设施，在广场一角，同一款式不同色彩的座椅、果皮箱形成了一个疏密有致的区域，使人赏心悦目，耳目一新，打破了常规设置概念。由此，我们可以看到，街道设施走向艺术与景观化是必然的趋势。

图3-6　荷兰阿姆斯特丹城市街道设施

（七）街道设施艺术化与景观化

街道设施在城市的工业化进程中曾经历过只注重功能而忽视艺术化和情趣化的历程。艺术化、情趣化的设施可以增加城市居民的生活情趣和格调，真正使艺术走进市民的生活之中。从美学角度看，设施的审美功能满足了人本性中最原始的对美的向往。街道设施的艺术化是现代设计的发展方向，它缩短了设施与使用者之间的距离，美化了环境。此外，尝试将有生命的植物或有机形态融入产品中，例如利用有生命的树木和花草与座椅巧妙结合，在产品与人之间建立一种情感联系，使产品富有生命力，唤起人们珍爱生命般地爱护街道设施。

图 3 - 7　上海陆家嘴口袋公园公共空间设计

（八）百分比公共艺术政策

街道设施的发展历史是非常悠久的，但是，在发展过程中，也存在着世界各国发展不平衡的问题，特别是一些发展中国家（包括中国），这是值得我们注意的一个问题。百分比公共艺术政策是一些发达国家和城市普遍认同的，用以提升城市文化品位、改善人居环境的成熟经验。百分比公共艺术政策的基本含义是用艺术来从事城市环境建设，使艺术与周围的环境相融合，形成一种新型的公众艺术。它的做法是从中央政府到各地政府以有效的立法形式，规定在城市公共空间工程总经费中提出若干百分比作为艺术基金，用于城市公共艺术品的建设与创作的费用。现今实行百分比公共艺术政策的国家或城市中，以百分之一者居多，也由此被戏称为"百分之一艺术"。

在这里首先要认识公共艺术的一般概念，所谓公共艺术（PABLIC ART），并没有十分明确的界定，有时公共艺术可以象征一个民族的风貌，象征一个国家或一个地域的繁荣和昌盛，也可成为一个古老文明的标志。有时是对历史文化遗产的再认识，有的则由实用功能向艺术功能全面过渡。公共艺术不仅包括大型的室外特定雕塑，也包含具有公共艺术功能的地标、实用体、建筑的装饰品、街道设施等，如路标、报栏、商招、公共空间的步道、椅凳、栏杆、塔台、路灯、旗帜、信箱、电话亭、垃圾桶、喷水池、救火栓、公共车站牌等，均可作为公共艺术的设计对象。广泛地认识公共艺术是有深刻意义的。国内不少城市已开始注意到这些街道设施的艺术品位，珠海市的公共汽车站、广州的电话亭和商招均出巨资进行了精心设计与制作，是从实用性到欣赏性的很好实践。

国外不少城市都规定，市政项目或者社会项目的一部分要拿出来从事公共艺术建设。1956 年美国费城成为世界上第一个实行百分比公共艺术政策的城市。1989 年 4 月 11 日美国十大城市之一的达拉斯市议会通过了公共艺术建设条例的法案，它明文规定：凡市政府公共工程，均要提拨建设总经费的 1.5% 作为公共艺术基金。随后法国巴黎、美国西雅图、西班牙巴塞罗那等城市以及我国台湾地区先后实施了不同形式的百分比公共艺术政策，用法治的手段为城市公共艺术的持续发展提供经济支撑。

随着我国经济的持续快速发展和城市化进程的不断推进，在国内部分城市实施百分比公共艺术政策势在必行。2005 年，浙江省台州市开始试行"百分之一文化计划"，明确规定在项目建设投资总额中提取百分之一的资金用于公共文化设施建设，迈出了国内城市实施百分比公共艺术政策的第一步。实施城市百分比公共艺术政策需要经济基础、社会基础、艺术资源基础等基础条件，并建立包括公共艺术设计、审批、实施等在内的完整的管理体系，将其纳入城市规划管理体系中。经过半个世纪的实践与探索，百分比公共艺术政策成为一些发达国家和城市普遍认同的提升城市文化品位、改善城市人居环境的成熟经验，有效地改善和塑造了这些城市的人文特色和城市旅游形象。

第二节　城市街道设施系统构成

　　城市街道设施是由政府提供的属于社会的给公众享用或使用的公共物品或设备。在当今的城市生活中，我们离不开各种各样的街道设施，作为城市生活家具的设施起着协调人与城市环境关系的作用，是城市管理质量、生活质量的重要体现，是现代人精神生活提高的重要标志之一。我国由于工业化起步比较晚，经济比较落后，街道设施的建设相对落后于西方的发达国家。改革开放后，我国的各城市都加快了现代化城市建设步伐，注重城市街道设施的建设，关注城市发展和人的关系，提倡"以人为本"的科学发展观，来满足新时期人们对城市街道设施的需求。笔者总结、归纳国内外城市街道设施的分类特点，结合现代化城市街道的实际，城市街道设施按照其使用功能可以归为四大系统，具体为管理设施系统、交通设施系统、辅助设施系统、美化设施系统。

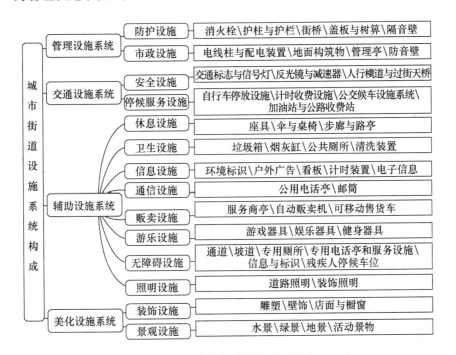

图 3 - 8　城市街道设施系统构成

一 街道管理设施系统构成

城市街道管理设施系统主要包含街道防护设施和市政设施两大类。

（一）街道防护设施

街道防护设施包含消火栓、护柱与护栏、盖板与树箅、隔音壁等设施。

1. 消火栓（hydrant）

消火栓，一种固定式消防设施，多以埋设型消防设施为主，依附于建筑与花台的墙体埋设。材料多为不锈钢。一般100米间隔设置一个，高度以75厘米为宜。它上部露出地面，标志明显，使用方便。由阀体、弯管、阀座、阀瓣、排水阀、阀杆和接口等零部件组成。地上消火栓是一种城市必备的消防器材，尤其是市区及河道较少的地区更需装设，以确保消防供水需要。消火栓安装设计应考虑安装在街道的十字路口区，在保证醒目又不影响行人、行车的位置上，同时考虑维护和日常排水泄水方便。如人行道街沿上、雨水排泄口旁、人行道树侧等。

图 3-9 上海红坊综合文化中心创意消火栓

2. 护柱与护栏（bollard and guardrail）

护柱与护栏在公共空间环境和道路中起着限定、分割和引导作用，也是城市景观中不可忽视的内容。

护柱：竖向的路障。在步行商业街、出入口和广场中心，起着阻止车辆侵入或规限行人的作用。护柱的形式一般包括栅栏式、杆柱式及缆柱式，有固定的、插入的、可移动的。

图 3 - 10　英国莱斯特市街道护柱

护栏：阻拦性的安全限定设施。在公共空间、道路、河道、公园、居住区大量性使用。护栏的形式可包括维护护栏、靠背护栏、座凳护栏、镶边护栏。

3. 盖板与树箅（sewer cover and tree grate）

盖板与树箅均属于路面管理设施，遍布于城市广场、街道及建筑的开放空间中。

盖板：地面铺装物。盖板分为透水透光的格栅板（用于雨水口、地下采光井和通风口）和封堵密实的盖板（用于给排水、燃气、供暖、通信光缆、有线电视）两种。基本型为圆盘形和网形，也有异型，以铸铁为主。

图 3 – 11　国外城市街道护栏

　　树算：步行空间中树根部的栅栏，起维护树基的作用。树算材料可采用石板（块）、混凝土板（块）、铁件等。树算应使其造型与环境性质、地面铺装统一协调，并可与树干护栏结合起来考虑，形成一体化、多功能的树算形式。

图 3 – 12　日本城市街道树算艺术设计

（二）市政设施

市政设施主要指为城市街道公共系统配套的设施，为区域或民众进行控制、管理和服务。市政街道设施主要包含电线柱与配电装置、地面构筑物、管理亭、防音壁等设施。

1. 电线柱与配电装置（telegraph pole）

电线柱：主要用于电线、电话等线路的输送。由于当今电力急剧增大，电线柱已成为我国对城市景观和建设影响的主要障碍。近年来，我国积极采取埋入地下的方式，对城市环境的美化和安全起到了积极的作用。一般有钢筋水泥柱、木柱等，其中以水泥柱使用最为普遍，其次是木柱、铁柱。

配电装置：设置变压器和配电盘等变电场所。随着公共环境的设施不断充实，道路、广场等周围对电气系统管理，控制设施不断的小型化，并与其他设施结合具有复合功能，造型、色彩方面均有改变。

图 3 – 13　新西兰奥克兰区街道变电箱彩绘

2. 地面构筑物（ground structures）

地面构筑物指地面凸起并与建筑结合部位的设施，它形成地面与地下的相互关系。如露天自动扶梯、升降电梯、采光通风井、冷却换气塔、地面采光天窗等。地面构建设计及施工要点：充分考虑人流的高密度、高频率使用对地面材料的破坏；不同区域和节点应通过材质和色彩作为空间变化的暗示；地面可视的构建物形态要注意与环境的协调，形成景观效应。

3. 管理亭（management pavilion）

管理亭主要指在公共场所、停车场、道路等为管理者利用的亭点设施。如警巡岗亭、停车场收费亭、高速公路出入收费处等。今后街道环境的社会作用不断增加，管理亭设施的设计也越来越显示其重要意义。

4. 防音壁（soundproof wall）

防音壁是在道路两侧设置削减噪声的设施。防音壁是用来遮挡声音的墙壁状构筑物，常设于城市快速路和高架桥居住区密集、学校和办公区域的一侧，有垂直和弓形等形状。它的高度由道路面幅及建筑物位置所决定，通常高为 3—5 米。防音壁成为城市交通发展的必要条件。

二 街道交通设施系统构成

城市街道交通设施系统包含了交通安全设施和停候服务设施两大类。

（一）交通安全设施

交通安全设施包括交通标志与信号灯、反光镜与减速器、人行横道与街桥等设施。

1. 交通标志与信号灯（traffic sign and traffic light）

交通标志、标线及信号灯是交通管理的重要组成部分，是合理分配交通流、辅助交通指挥的重要设施。交通标志分为主标志、辅标志两大类。主标志分为：警告标志、禁令标志、指示标志、指路标志四种。辅标志分为：时间、车辆种类、区域或距离、警告、禁令理由、组合辅助六种。

传统的红绿灯只起指示作用，而基本上没有警示作用。为了增强交通灯的警示作用，Hanyoung Lee 设计了虚拟信号墙，虚拟信号墙会自动在靠近交通灯的位置投射一堵虚拟的情景，显示行人正在过马路。由于看起来像是一防堵墙，所以对司机的警示作用也较大。缺点是一定程度上阻挡了司机及行人的视线。但不管怎样，如果能优化一下，这种设计还是很实用的。

图 3 – 14　虚拟信号墙板红绿灯，Hanyoung Lee 设计

2. 反光镜与减速器（mirrors and reducer）

反光镜与减速器均属于道路交通的安全设施，防止交通事故。反光镜常设置于急转弯的道路，如山道、出入口等。减速器是通过路面的凸起，引起车轮起伏或车辆颠簸，减缓车辆行驶速度。一般都设置在住宅小区、入口、停车场以及人流聚集区域的道路上。

3. 人行横道与过街天桥（crosswalks and overpasses）

人行横道指的是在车行道上用斑马线等标线或其他方法标示的规定行人横穿车道的步行范围，是防止车辆快速行驶时伤及行人而在车行道上标线指定需减速让行人过街的地方。

过街天桥是现代化都市中协助行人穿过道路的一种建筑，修建过街天桥可以使穿越道路的行人和道路上的车辆实现完全的分离，保证交通的通畅和行人的安全。最常见的人行过街天桥是跨越街道或公路的，也有跨越铁路、轻轨的过街天桥，另外还有一些过街天桥修建在立体交叉路口，与立交桥的建筑融为一体，形成了一个四通八达的空中人行交通网，成为城市的象征。

（二）停候服务设施

城市候停服务设施包含自行车停放设施、计时收费设施、公交候车设施系统等。

1. 自行车停放设施（bick parking）

随着人们生活质量的提高和生活观念的转变，绿色出行已经成为时尚，自行车在担当代步工具的同时，更成为运动休闲活动的最佳工

图 3 - 15　襄阳市火车站站前广场过街天桥

具。据美国《华盛顿邮报》报道说，为了减少城市温室气体排放量，法国巴黎市政府于 2007 年就开始实施了一个叫"自行车城市"的计划，巴黎市政府修建了 1450 个自行车租赁站，有大约 2.06 万辆自行车散布在巴黎市区内的自行车租赁站，这意味着巴黎市内每隔 200 多米就有一个联网的租赁站，任何需要使用自行车的居民可以方便、快捷地找到目标，租赁后在任意一个租赁站归还自行车。

图 3 - 16　法国巴黎街头自行车公共租赁站

　　自行车停放设施主要用于停放自行车、摩托车的场所和设备，它是城市非机动车交通设施的重要组成部分，自行车停放设施就是指固

定或放置自行车的装置，英文表达为 bike rack（自行车固定架）或
bike parking facility（自行车停放设施）。当自行车及其停放设施占据
了一定的空间范围时就会形成具有某种场所感的领域，因此自行车停
放设施通常也被笼统地囊括在"自行车停放处"的表达中，英文为
bike parking。

图 3 - 17　美国纽约街头自行车停放设施

在国外进行道路设计时已经考虑的人行、机动车行和非机动车行
的划分，英国、荷兰、加拿大等城市明确在道路上设置专门的步行和
自行车道，美国不但有自行车专用的车道，而且还设置了自行车优先
的红灯等待区。

2. 计时收费设施（time charges facilities）

目前我国城市汽车保有量越来越多，城区内停车难的问题也日益
凸显，有限的道路资源需要市民时刻保持低碳出行的理念。各大城市
陆续实施了对占路停车采用计时收费器进行停车管理。在道路上实行
计时收费，通过价格杠杆能有效调节占道停车数量，引导车辆短停快
走，缓解停车难造成的交通拥堵。

3. 公交候车设施系统（Bus shelters facilities）

公交候车设施系统是城市街道景观中相当重要的一部分，是城市

旅游形象建设的重要环节之一。城市公交候车设施设计的创意与视觉意象，直接影响着城市整体空间的规划品质，并忠实地反映出一个城市的经济发展水平及文化水准。

图 3－18　巴西南部巴拉那州首府库里提巴市的公交候车亭

完整的公交候车亭的构成应该包括：主亭结构（Bus shelters）、站牌、公共信息牌（Information board）、休息凳（Benches）、垃圾箱（Dust bins）等设施。公交候车亭包含了顶棚式（无围合，只有顶棚和支撑结构，通透开放空间）、半封闭式（一面围合、两面围合、三面围合）、开放式（独立站牌，需要合适的地点和气候环境）三种。城市公交候车亭属于公共场所，它的使用者是城市市民，主要功能是候车，同时提供指示、照明、休息和消遣服务等功能。根据不同的功能划分不同的功能模块，为公交候车亭设计提供依据，如表 3－1所示。

表 3 - 1　　　　　　　城市公交候车亭功能模块分析

候车亭功能分析	候车亭功能模板划分
指示功能	站牌
信息查询功能	信息查询平台模块
休息功能	休息座椅模块
商业信息传递功能	广告牌、广告位模块
	售卖部模块
提供照明	照明模块
围护功能	围护功能模块
	顶棚围护模块
	立面围护模板
服务功能	服务功能模块

候车亭设计必须突出以"为乘客候车服务"的功能为主,广告经营效益为辅;将"以人为本"作为设计原则,充分满足人们的出行需求;充分考虑弱势群体的需要;候车亭应充分遮阳避雨,设置座凳和盲人道,准确、合理标示公共信息等;候车亭的建筑风格应与环境相协调;尽可能将地方人文特色和现代气息结合,统一体现独具特色的城市旅游形象。

三 街道辅助设施系统构成

街道辅助设施系统主要包含了休息设施、卫生设施、信息设施、通信设施、贩卖设施、游乐设施、照明设施和无障碍设施等。

(一) 街道休息设施

休息设施指供街道上行人休息的街道设施。座椅是城市街道最主要的休息设施。一般座椅高度:40—50 厘米,深度:30—45 厘米,长度依需要而定。座椅按设置方式分为普通平置式、嵌砌式、围树椅、绿地挡土墙座椅等。在铺石地、露台边、道路旁、墙角、草地、树下、雕像脚处均可设置,但应避免设立在阴湿地、陡坡地、强风吹袭场所等条件不良或对人出入有妨碍的地方。

图 3 – 19　极具雕塑艺术的街道休闲座椅

（二）街道卫生设施

街道卫生设施包括处于城市公共空间的垃圾箱、饮水装置、烟灰缸、公共厕所、垃圾容器间、废物箱和痰盂等。

1. 垃圾箱（trash）

垃圾箱是存放垃圾的容器，作用与垃圾桶相同，一般是方形或长方形。街道上常见的垃圾箱分为独立式垃圾箱和广告式垃圾箱。广告式垃圾箱是广告灯箱和垃圾箱的完美结合，具有广告灯箱和垃圾箱灯箱的双重功能。随着城市美化与亮化的推进，垃圾箱将会在城市的发展中担当重要角色，作为与百姓生活密切相关的载体，在垃圾箱上刊登广告将能够有效吸引消费者的眼球，产生非常好的广告效果，对于树立公司良好形象以及提高公司知名度，并提高广告招商力度具有深远的意义。广告垃圾箱灯箱具有投入成本低，直接受众效果好的效果。相比较其他形式的广告而言垃圾桶广告的成本相当低而且是直接面向广告受众，贴近消费者，形成高覆盖网络规模广告效应，比起电视和报纸广告来说有着无法比拟的优势。

2. 公共厕所（public toilets）

公共厕所，简称公厕，WC，指供在街道两旁或公共场所设置的，供城市居民和流动人口共同使用的厕所，城市公共厕所是城市基础设施的必要组成部分。可方便人们生活、满足生理功能需要；是收集、贮存和初步处理城市粪便的主要场所和设施；作为城市建筑的公厕设施本身是人文景观之一。公厕是社会的一种文化符号，无论对待厕所的态度、使用方式，还是建筑设计方面，都体现了不同国家和民族的风俗习惯、伦理标准。从生理代谢的简陋随意场所，到兼有生理代谢、卫生整理、休息乃至于审美、商业、文化等多种功能，本质上构成了人的生活观念和环境意识的变革和进步。城市公厕已成为现代城市文明形象的窗口之一，体现着城市物质文明和精神文明的发展水平。

图 3 – 20　广告垃圾箱设计方案

图 3 – 21　法国巴黎街头的自助收费公共厕所

3. 公共饮水装置（drinking fountain）

公共直饮水是指在公共场所免费供应卫生、健康的直饮水，方便人们随时饮用的公共供水设施系统，一般设置在广场、商业街、旅游胜地等人群集中的公共场所，为人们提供直接饮用水的一种自来水装置。伴随着我国城市化进程的加快，城市公共文明程度的提升，国内许多城市也陆续在公共场所增添设置方便市民的公共饮水器。公共饮水器的出现给人们带来了极大的方便。人们在户外口渴时，可以放心自在地直接饮用水，使得公共场所充满了人情关怀与亲切感，所以，公共饮水器是一种体现人文关怀精神的城市配套基础设施。同时它的设置能避免丢弃各种包装瓶（袋）而引起的环境污染问题。造型美观的公共饮水器也起着丰富城市街道景观、提升城市旅游形象的作用。

图 3 - 22　城市旅游区公共饮水装置

（三）街道信息设施

街道信息设施主要包括环境标识、户外广告、导向牌等设施。

1. 环境标识（environmental labeling）

在当今，一个城市的现代化文明程度，包含着公众对环境的整体印象和总体评价，而社会民众通过视觉、听觉、触觉所接受的城市环境信息的便利完善以及感受到的印象非常重要。随着全球经济的发展，城市化的进程也加快了脚步，但城市的积弊也变得明显，其中最主要的就是识别性薄弱与亲和力欠缺。特别是在如今这个国际贸易与旅游业发展迅速、交流和交往非常频繁的时代，一座现代化的大型城市如果没有公共环境信息导向系统的疏通，没有视觉识别系统的支撑，后果可想而知。

图 3 - 23　旅游景区导向标识设施

（1）环境标识的含义。环境标识是指在城市中能明确表示内容、位置、方向、原则等功能的，以文字、图形、符号的形式构成的视觉图像系统的设置。城市环境标识的类型虽说很复杂，但还是可以概括分为：城市识别标识、城市导向标识、城市管理标识和市民生活指导标识。

表 3 - 2　　　　　　　　　　城市环境标识系统构成

类型	内涵	系统构成
城市识别标识	城市标识	标志性建筑、雕塑、街道、广场等
城市导向标识	定位系统	路名、路牌、路标、建筑物名称、门牌号、公司名牌、店牌等

类型	内涵	系统构成
城市管理标识	交通指示系统	交通警示、提示系统，红绿灯、斑马线、停车泊位指示系统等
市民生活指导标识	特殊指示系统	残疾人行走、通道，公厕位置、文明准则宣示系统，政府告示、城市介绍、文明设施等

城市环境标识作为一种特定的视觉符号，是城市旅游形象、特征、文化的综合和浓缩，城市环境标识设计是伴随着经济的发展而发展的。是具有民族个性的、地方特色的、功能与美观相结合的标识标牌，是现代城市中一道重要的风景线。现代发达国家在城市规划、建筑设计、环境营造中已经将城市标牌设计，作为整体环境的一项重要因素加以考虑。

城市环境标识设计的导入，将有助于指导城市建设科学、有序、快速地进行。城市环境标识设计是指在特定的环境中能明确表示内容、性质、方向、原则以及形象等功能，主要以文字、图形、记号、符号、形态等构成视觉图像系统的设计；它是构成城市环境整体的重要部分，融环境功能和形象工程为一体。城市环境标识系统满足人们城市公共活动的要求，创造一个更符合现代人之间交流的媒介，塑造某一城市或者环境的文化氛围和环境形象，促进城市经济和文化持续发展的活性环境建立。可见，科学、合理、有地域特色的城市环境标识设计，对人们在城市生活中具有重要作用，同时也体现了城市的良好形象。

（2）人性化的城市交通导向标识系统设计。交通状况是最能直接展现城市旅游形象的标志。城市道路的建设、交通导向牌的设计、主要交通工具的服务态度等，都直接关系到人们在城市的工作与生活。因此，城市交通导向系统的设计就非常重要，它与人的关系很密切。城市交通导向标识牌系统的设计包括四个方面：城市道路及其配套设施中的导向系统，城市地铁、车站及机场等交通设施中的导向系统，城市建筑中的导向系统，城市休闲环境中的标识牌导向系统。每个方面都体现了它与人的关系。

城市交通标识设计中导向性功能体现得最充分和最直接，交通标识的首要任务是迅速传递信息、明确无误，便于行动者准确、快捷地做出判断，解决交通运行中的诸多问题。城市地铁、车站、机场等交通设施中必须配备交通指示牌，特定场所及区域示意牌，交通地图和车次时刻表、车站台、信息显示屏幕等。游人走进车站，要能很快地知道如何乘车，进哪个站台候车。这些都要有明确、清晰的标识牌作为向导。这样不仅节省了游客的时间，也提高了车站的运营效率。

为了能更好地为游客服务，车站周围环境的标识牌应该做到几点：首先，车站内的标识牌设计必须处理好视角与视距的问题。考虑到人的垂直视角的最佳角度，确定平视、仰视、俯视、鸟瞰等视觉问题，根据视角和标识的尺度来确定视距形成最佳的观赏效果。其次，标识牌的色彩设计必须简洁、明了，易懂易记。不同功能的标识牌之间的颜色可以稍作变化，但整体统一协调，且色彩不能太刺眼。考虑到一些色盲患者，应该注意颜色之间关系。城市交通导向系统设计是公共环境标识设计中非常重要的一部分，它起到疏导城市交通和道路畅通的作用，提高大型车站、飞机场等的运营效率。而人是这些交通设施中的主体，车站内的导向系统设计是为人设计的，因此它的设计科学与否，不仅直接关系到人在城市环境生活中的整体质量，也直接关系到人们对城市旅游形象的评价。

（3）基于地域文化特色的城市环境标识设计。城市环境标识设计既不能脱离前人和原有的人文环境去凭空构架，也不能简单地重复过去。只有在尊重历史的同时创造历史，在更新文脉的过程中发展文脉，才能使人们在现代与历史完美交融的文化环境中，共同体验形态空间之美。"城市的个性在于其特殊的历史、文化、建筑，一个城市正是有了这种文化的特色，城市的环境形象才保持了一种独特的美感。"城市旅游形象的视觉表现特征带有浓厚的展示作用，人们往往也容易接受这一环境形象的引导。

许多城市的环境形象集中了城市的自然资源和人文创造之精华。一旦街道设施具备了现代人认同的时代特征和时代精神，其特有的视觉品质将潜移默化地为现代城市生活中特有的审美感受。没有文化内涵的城市环境是没有灵魂的，城市文化遗迹是一座城市的文化起点，也是一座城市的文化全脉，是一种无法再生、不可替代的资源。城市环境中总会有一些特殊的符号和构成形式，形成这座城市特有的地域文化特点，也就是形成了独特的城市旅游形象。如古罗马斗兽场，现在依然保持完美，这就成了这座城市独有的符号象征。凭借一定的地域文化为背景所进行的规划及特定地域中的设计物，常能使人们有更多的机会去了解过去，思考个人与群体的关系，产生特有的地域情结，产生人际脉络和社会结构重构。在这些街道设施中，如果能够将常见样式、题材赋予新的内涵，便容易得到人们普遍的共识与认同，在使用的体验中产生情感，转化为公众的审美意趣。人的创造活动是城市多元化的主要动力，当设计出最优秀的自然—人—环境系统时，新的文化感受便能凝聚并扩大为对地域情感共存共荣的再认同。

在结合城市特有的地理面貌及文化内涵下，对一座城市进行环境标识设计，这样不仅容易给人留下深刻的印象，而且有助于加深人们对城市和地域的认识，更容易由此抓住该地区自然和人文形象的特征。江苏省苏州市的公交站的造型设计以及路牌设计都是运用江南地区的园林建筑的元素进行设计的，造型简单而富有中国特色，从而很容易让人接受和记住，这就在游客心中树立了良好的第一印象。随着世界经济的发展与科技的进步，人们生活水平的提高，世界各国都越来越重视环境的保护与建设，其中包括自然环境、社会环境和城市环境。城市环境标识设计作为城市对外公关及展示的窗口，只有把握住了城市特有的地域特色，加快建立科学的城市公共环境标识，才能提升城市的总体形象。总的来说，城市环境标识设计即城市旅游形象识别系统的建立，有助于城市的综合发展；有助于创造空间环境的特色，形成城市景观的个性；更能在大众眼里树立良好的城市旅游形象，从而带动城市经济、文化的快速发展。

2. 户外广告设施（outdoor advertising facilities）

户外广告（outdoor advertising），泛指基于广告或宣传目的，而设置的户外广告宣传设施，常出现在交通流量较大的地区。常见的户外广告，如企业 LED 户外广告灯箱、高速路上的路边广告牌、霓虹灯广告牌、LED 看板及安装在窗户上的多功能画篷等。众多的广告公司越来越关注户外广告的创意、设计效果的实现。各行各业热切希望迅速提升企业形象，传播商业信息，各级政府也希望通过户外广告树立城市旅游形象，美化城市。在科学技术迅猛发展的现代社会，户外广告也引用了不少新材料、新技术、新设备，并成为美化城市的一种艺术品，是城市经济发达程度的标志之一。

　　进入 21 世纪，户外广告早已突破了形式单一的店招式广告牌类型，出现了更多的新型户外媒体：汽车车身广告、候车亭广告、地铁站广告、电梯广告、高立柱广告、三面翻广告、墙体广告、楼顶广告、霓虹灯、LED 显示屏等。美国 IBM 公司遵循 "smart ideas for smarter cities" 的理念通过传统的户外广告的形式将之与长凳、雨篷等相结合，为市民提供了这些能够休息和便利的街道设施，有时候好的设计也是对人性的一种思考和关爱。

图 3 – 24　IBM 人性化户外广告与街道设施完美结合的创意

（四）通信设施

城市街道的通信设施主要包括公用电话亭和邮筒两大类。

1. 公用电话亭

公用电话亭开始于 1910 年的工业国家，21 世纪以来电话亭在大街小巷已经随处可见了。公用电话亭的设计采用人机工程学的方法，使其更符合人体立姿结构尺寸和方便使用，以提高人们使用电话的舒适性，适应人体的健康需要，美化城市环境。为了满足大众的需求，中国许多城市在主要的场所和街道也都安装了公用电话。但是，许多公用电话亭的设计过于单一，外观千篇一律，适用面狭窄。合理地设计公用电话亭不仅能够更好地满足人们的正常使用，而且能够美化城市，成为一道亮丽的风景线。

图3-25　结合地域文化特色的城市街道公用电话亭

随着多媒体和数字宽带网应用技术的发展，未来出现的公用电话亭将具有多种功能，公用电话亭无须铺设电话线，只需要一个平面屏幕并使用声控系统的自助终端（触摸式），它除了现在具有的通话功能外，市民可以免费查询天气预报、周边交通状况等上百种便民信息，市民和旅客可以查询114等信息台，便捷了解如天气、周边交通等信息，而且这些服务统统是免费的。因此，查看地图、了解交通状况和在线购物，就像现在打电话一样简单便捷，电话亭也将变为"智能信息亭"。

2. 邮筒

邮筒是邮箱的一种，常见于街道上，是用来收集外寄信件的邮政设施，寄信人如果不便去邮政局，可以把信件投入到就近的邮箱，邮差会定时来邮筒收集信件，回邮局，再分类、运输及派送。邮箱是邮政局的固定资产，它是便民设施。邮箱在中国多是绿色，20世纪90

年代在大连也曾见过红色的，后来又统一改刷成绿色，因为这是中国邮政的代表颜色。

（五）贩卖设施

商业服务设施主要包括服务商亭、自动贩卖机以及可移动售货车等设施。

商亭是现代建筑的一个词汇，顾名思义"商"作为商业交易来应用，亭作为一种建筑词汇。两者合起来就是商亭，它们一般设立在一些主要的街道和路口，或者是小区内，商亭外形美观，简洁实用。售货亭是像一座小房子一样的专门售卖物品的亭子，常用于小区或者街道边的便民服务，用于售卖水果、奶茶、报刊等产品。售货亭制作材料一般采用彩钢板、铝塑板，或不锈钢板，款式不一，大小可根据自身的场地大小而定，近年来售货亭的数量不断增加，在车站、商业街、公园、商场门口、小区门口等地随处可见，方便了广大市民。

售卖亭是现代商业户外零售空间中一种移动或便捷式展示设施，主要位于商业广场和商业街中。如今售卖亭也慢慢变成一种商业公共服务设施在各大商圈和商业街展现出各种各样的身姿，为大众提供更为便利的商业服务，各大品牌也都建立了自己的售卖亭零售模式。售卖亭在制作材料及样式上品类繁多，商户可以根据自己的零售模式和商品类型自行选择。其优点在于制作简单，便于移动，同时功能齐全在狭小的空间内有储存区域和展示陈列区，属于流动销售模式，所以深受商户们喜爱。

（六）游乐设施

游乐设施包含游戏设施和健身设施两类。游戏设施一般为12岁以下的儿童所设置，同时需要家长陪同。在设计时充分考虑儿童身体和动作基本尺寸，以及结构和材料的安全保障，同时在游戏设施周围应设置家长的休息看管座椅。游戏设施较为多见的有：秋千、滑梯、沙场、爬杆、爬梯、绳具、转盘、跷跷板等。

健身设施是指能够通过动作锻炼身体各个部分的健身器械，健身设施一般为12岁以上儿童以及成年人所设置。在设计时要考虑成年人和儿童的不同身体和动作基本尺寸要求，考虑结构和材料的安全性。

游戏设施和健身设施一般设置在住宅区内部的活动区域，也有设置在街道两侧沿街绿地或公园里，周围环境需要确保安全和优美。

（七）无障碍设施

无障碍设施是指保障残疾人、老年人、孕妇、儿童等社会成员通行安全和使用便利，在建设工程中配套建设的服务设施。包括无障碍通道（路）、电（楼）梯、平台、房间、洗手间（厕所）、席位、盲文标识和音响提示以及通信、信息交流等其他相关生活的设施。城市街道无障碍设施主要包含坡道、通道、专用公厕、专用电话亭、残疾人停候车位、无障碍信息标识以及其他无障碍服务设施。

20世纪初，由于人道主义的呼唤，建筑学界产生了一种新的建筑设计方法——无障碍设计。它运用现代技术建设和改造环境，为广大残疾人提供行动方便和安全空间，创造一个"平等、参与"的环境。国际上对于物质环境无障碍的研究可以追溯到20世纪30年代初，当时在瑞典、丹麦等国家就建有专供残疾人使用的设施。1961年，美国制定了世界上第一个《无障碍标准》。此后，英国、加拿大、日本等几十个国家和地区相继制定了有关法规。

随着经济发展和社会进步，我国的无障碍设施建设取得了一定的成绩，北京、上海、天津、广州、深圳、沈阳、青岛等大中城市比较突出。在城市道路中，为方便盲人行走修建了盲道，为方便乘轮椅残疾人修建了缘石坡道。建筑物方面，大型公共建筑中修建了许多方便乘轮椅残疾人和老年人从室外进入到室内的坡道，以及方便使用的无障碍设施（楼梯、电梯、电话、洗手间、扶手、轮椅位、客房等）。但总的来看，设计规范没有得到较好执行，同残疾人的需求及发达国家和地区的情况相比，我国的无障碍设施建设还较为落后，有较大差距。

（八）街道照明设施系统

随着城市不断的变化、生长和发展，塑造的城市夜景照明就凝聚成石头的历史、积淀的文化结晶，供人们享用和欣赏。多样丰富的优美城市空间和景观环境，让人们生活在其中感到舒适、愉快、健康，并有着丰富的物质生活和精神生活内涵。因此，城市夜景照明中的核心要素不仅表现为审美的特征，更是一种感性、主观的意识形态。高质量的城市夜景观环境可以通过它的夜间照明水平来体现，但现代城市夜景观环境不仅仅包括高质量的城市照明体系，它更与城市居民的活动体系交融在一起。

1. 路灯

城市照明的塑造离不开灯光，特别是夜晚道路照明和夜景照明息息相关。与夜景照明不同，道路照明对城市景观的作用首先在于其功能性，即道路照明的效果——照度和亮度、炫光控制、诱导性、光色等指标以及由它们所构成的人工照明环境；其次，路灯本身的艺术性，即路灯的城市家具属性——造型、高度、色彩、布置方式等内容也是城市景观的重要影响因素。

路灯是街道照明的重要设施。据 2012 年中研普华数据显示，全国路灯总盏数为 9186356 盏，比 1979 年全国路灯总数增长了 16.11 倍。路灯作为城市基础设施的组成部分，在城市交通安全、社会治安、人民生活和市容风貌中具有举足轻重的地位，发挥着不可替代的作用，标志着城市实力和成熟的程度，成为城市景观的重要组成部分。

图 3 - 26　牡丹江市的街头迎奥运路灯

随着我国城市建设的飞速发展，城市规模不断扩大，旧城改造如火如荼，城市路灯建设也走上快车道。从公开的报道可看到，不少城市的路灯数量成倍增长，路灯造型五花八门，层出不穷，在解决城市夜晚照明，为市民创造夜间交往环境的同时，也出现了很多实际问题。路灯造型"千城一面"，各城市间互相抄袭严重，我国城市情况千差万别，城市风格各有特点，有的以历史见长，有的以现代取胜，路灯建设也应因城而异，反映城市特色。特别是一些历史文化名城，如西安、苏州的老城区，路灯造型可以体现历史的厚重。

2. 城市路灯对城市旅游形象的塑造

路灯具有城市眼睛的美誉，它既反映城市的经济实力、管理水平、市容市貌、文化品位，又承载着城市长期沉淀的文化信息。在包罗万象的城市旅游形象元素中，路灯通过形态、色彩、灯光等要素表达思想情感，与人们的日常生活息息相关。城市的物质文化、精神文化、街道设施、自然人文景观、历史文物、城标建筑及地域文化特色，给路灯设计提供了丰富的表现素材，如何有机地将路灯设计融入城市环境设计之中，让市民全面透彻地理解和领悟路灯创意的文化内涵，避免城市路灯千城一面、万灯一孔的格局，传递各自城市旅游形象的差异性，已成为社会文明发展和进步的重要标志。当下和谐的路灯造型设计具有长治久安的符号特征，成为现代文明城市一道亮丽的风景线。

（1）具有红色记忆特征的北京城市路灯。北京路灯给市民以美好的记忆和心理感应，具有鲜明的文化特色，遗存着原汁原味的区域文化底蕴，充分体现了我国政治、文化、经济、科研、教育和国际交往中心和陆空交通枢纽的地位。其城市路灯的外观造型和照明设计，运用了当年"抓革命，促生产"等概念。如"棉桃灯"、"莲花灯"设计，清晰地反映了"大跃进"、人民公社及"文化大革命"等红色记忆的时代特色，一排排路灯如同一串故事，诉说着城市的沧桑岁月和文化内涵，在市民心中留下了鲜明的时代烙印，构成了北京城市路灯的完整形象，使那一段红色历史被物化为城市路灯的特色，保持着北京最美好的红色记忆。

图 3 - 27　北京长安街上的"棉桃灯"

（2）引领时尚的上海城市路灯。上海城市路灯以时尚见长，让市民获得最新潮的心理满足。国际大都市的城市路灯，将中国传统文化历史底蕴与西方物质文明元素融为一体，具有浓厚的近代城市文化底蕴和西方文明的印迹。2010 年世界博览会路灯设计折射出的上海城市的包容和时尚性，融世界路灯文化之大成，其造型设计处处传达出低碳环保，节能降耗，"让城市生活更美好"的理念，不同功能的场馆道路的路灯形态、色彩，选择适合节能降耗的材料，在路灯设计和制造方面得到充分体现。

（3）彰显儒雅风范的南京城市路灯。城市路灯设计运用传统的南京彩灯为造型元素，根据道路的功能特色，将古老的灯笼元素运用到路灯造型之中，结合现代工艺技术，合理安装在不同文化背景的场所和街道。如图 3 - 29 所示路灯的主题设计融合了传统的灯笼元素，使市民徜徉在秦淮河、夫子庙、明孝陵、中山陵等历史遗迹中，漫步在六朝古都的记忆里，构成了南京厚实的文化底蕴。

（4）苏杭私家园林宫灯的地域特色。苏杭具有园林山水隐居文化的地域特色，直接表现为纸醉金迷的偏安繁荣。丰富多彩的私家园林庭院宫灯，奠定了城市的文化品位，为城市的路灯创意主题设计提供了理论依据。路灯外观造型设计融入了古代宫灯的四方、六方、八角、圆珠、花篮、方胜等传统造型元素，传递了闻名遐迩的"上有天堂，下有苏杭"的美誉信息，苏杭人杰地灵的文化历史底蕴通过路灯形象表达得淋漓尽致。

图 3 - 28　上海世博会浦西展区的路灯

图 3 - 29　南京市城市路灯

图3-30 苏州市城市路灯

（5）文化特色突出的景德镇城市路灯。景德镇的城市路灯设计运用笔筒形、腰鼓形、花瓶形等造型元素，展示了陶瓷之都的特色。制作工艺具有"白如玉，薄如纸，明如镜，声如磬"的美誉。继承和运用了民间故事、民俗文化、古老的传说、植物动物、虫鸟花卉等陶瓷的装饰纹样等文化素材，传递了浓厚陶瓷特色。以陶瓷造型为标志，使城市路灯洋溢着浓郁的地方人文气息，从城市路灯中感受到传统文化和现代文化，本土文化和外来文化的融合，处处闪烁着陶瓷艺术的文化内涵。在商业繁华的街道使用花瓶式路灯，寓意古色古香的商道文化。笔筒形花瓶路灯安装在文化用品为主的商业街道，阐释了路灯符号与商业街区的关联性。运用青瓷路灯打扮政府写字楼街道，表达了平平安安、欣欣向荣的城市风貌，将能工巧匠世代薪火相传制陶技术，凝聚成一盏盏城市陶瓷华灯，使陶瓷路灯的造型、色彩、结构、功能、科技、材质、品种和品质迈向了至善至美的艺术境界。

以城市路灯为媒介研究各自城市的地域文化和传统文化元素，准确表达城市的文化理念，运用低碳环保的太阳能、风能、LED等新技术，实现路灯的外观创意设计，发光材料的合理应用，使城市路灯更具艺术性、观赏性、娱乐性、趣味性、舒适性，形成各自城市旅游形象的文化特色，真正发挥路灯在城市旅游形象塑造中不可替代的作用。

图 3 – 31　江西景德镇市城市路灯

四　美化设施系统构成

美化环境设施是指那些为城市街道增添艺术气息，美化和丰富在城市公共空间环境的设施，包括花坛、雕塑、建筑壁饰、店面与橱窗、地面艺术铺装、装饰照明、景观小品等。

由于道路环境的特殊性，在高速公路、快车道和慢车道对景观的要求是不同的，这就要研究景观敏感度问题。景观敏感度是指景观引起人们注意力难易程度的量度，相对于静态景观而言，车辆行驶过程中景观的动态敏感度在很大程度上将会被弱化，因此，欲使道路景观对行驶中的司乘人员起到与静态相同的视觉效果，就必须通过专门设计，弥补车速对动态景观敏感度的弱化影响。动态中景观敏感度（S）的大小和车速（V）、司乘人员前方视野中能清晰辨认景物的最大距离（Dmax）、清晰辨认景物的最小尺度（Hmin）、路侧能清晰辨认景物的最小距离（Dmin）四大因素密切相关，其关系可用下式表示：

S = f(V, Dmax, Hmin, Dmin)

根据相关研究成果，为了达到最佳动态景观敏感度（Smax），不同车速（V）与 Dmax、Hmin、Dmin 之间有一定的对应关系，见表 3 – 3。

表 3 - 3 车速 （V） 与 Dmax、Hmin、Dmin 关系

V （km/h） 车速	20	60	100	140
Dmax 前方视野最大晰辨距离 （m）	150	370	660	840
Hmin 前方视野晰辨最小物质尺度 （m）	0.35	1.10	2.00	3.00
Dmin 路侧晰辨最小距离 （m）	1.71	5.09	8.50	11.90

　　街道的周边环境不仅要满足交通功能，而且还应该赋予人们优美、宜人的景观视觉。街道的景观设计，一方面要强调街道与沿线的自然环境、交通设施、车辆等的协调统一，使街道成为环境的一部分，实现与自然环境的和谐；另一方面也要强调根据车辆高速行驶的动态特点，实时调整景观的表现形式，既满足静态视觉的要求，同时也满足车辆行驶中人的动态视觉的要求，为司机和乘客提供实时变化的审美效果。

图 3 - 32 不同车速环境下的烟台装饰性景观雕塑

第三节 国内外街道设施设计现状

一 国外城市街道设施设计现状

城市的建筑、环境规划和街道设施设计的水平，直接反映了这座

城市所特有的景观和面貌、风采和特点，表现了城市的气质和风格，显示出该城市的经济的实力、商业的繁荣和技术的发达。国外城市的街道设施设计，无论是卫生、休息、照明、交通、信息设施系统，还是配景、残疾人所需的设施系统，给人的综合印象是规划合理，设施配套完善，设计形式多样，风格迥异，选材坚固、耐用，工艺制作简洁，既实用，又经济、美观，处处体现出对人的关怀。

（一）德国的街道设施设计

德国在第二次世界大战后百废待兴，随着联邦德国经济的复苏，也带动了德国街道设施的迅速发展。而在19世纪工业革命和战争的浩劫中，德国的北方邻居斯堪的纳维亚半岛四国（丹麦、挪威、瑞典、芬兰）未曾受到太大影响，因此，它们在环境和生活模式之间取得了优雅的协调，也保留了比较纯粹的北欧设计风格。而第二次世界大战之后的欧共体，以及后来形成的欧盟对于当时包括德国在内欧洲工业化国家普遍存在的混乱设计生产产生了一定的影响，即尝试在"功能主义"的机械设计方式与新型的现代艺术形式之间寻找某种平衡。

德国城市的街道设施设计水平直接反映了本国的城市景观和面貌、凸显地域特点、设计概念及思路源自简约设计手法，形式简单但空间层次非常丰富。朴实的线条、简约的架构，将基于西方视觉艺术的视觉形式和渗透人文精神体现以人为本的设计理念呈现给用户。尤其是在拥有悠久历史传统的德国北部汉莎联盟城市，从不来梅（Bremen）到哈瑙（Hanau）的德国童话之路，起源于哈瑙的格林兄弟童话之路上的许多古老的中世纪小镇。在不来梅、吕贝克等城镇之间，许多街道设施设计风格浪漫有趣，在整体规划上有统一的主题，内容以传统和历史传说为主，主题反映德意志民族积极向上、乐观勤劳的优点。如果是在古老建筑区周围新建的设施，都尽量采用与原主体建筑相似的材料和主题，保持整体环境一致。在新兴城区和商业区的街道设施主要是以高科技为内涵，现代化的简洁外观为载体，力求简约、环保。诸如冬天酒吧和露天场所外使用的取暖灯，保留古老路灯外形，采用现代技术，使用高效安全的天然气给周围人群供暖。

从德国街道设施的设计来看，设计理念的建立首先是以人为本、尊重人的个体存在、重视设施的功能效应；其次是使之有益于人和环境，基于环境意识设计（Environment Conscious Design）来进行统一规划，构建一个整体的系统。

（二）法国的街道设施设计现状

法国巴黎是一座拥有 1600 多年历史的古城。巴黎在自中世纪以来的发展中，一面保留过去的印记，甚至是历史最悠久的某些街道的布局，一面形成了统一的风格，并且实现了现代化的基础设施建设。今天的巴黎给予人的感觉依然充满着法国 19 世纪著名诗人波德莱尔诗中所说的"自我、精神、色彩、向往永恒"。19 世纪 50 年代开始，法国城市开始了一场设施普遍化与制度化的振兴运动，从构思、方案、设计乃至最终的实施制作，每一阶段工作的展开都直接导致并形成了今天城市的面貌。

在这次大改造计划中在巴黎原有的罗马风格里，注入了优雅华丽的巴洛克风格，这项重大的建设也带动了巴黎街区街道设施的发展。同时在城市规划中对街道设施的设计考虑得非常详细，使每一个街道设施都是城市设计的经典之作，公共汽车站台是经过招标由英国设计师设计的，街头书报亭也是享有专利的设计，甚至连街边植物的护栏都是经由艺术家布置的，这些街道设施不仅实用而且美观，在延续城市空间历史的同时，增添了巴黎都市的风采与气质。从这些城市细节可以体会到巴黎人对于美与精致的追求已经渗透到了自己的血液中。巴黎的浪漫是一种生活方式，是不经意间流露出来的一种格调。

（三）英国城市街道设施

有人认为，从历史上看英国南安普敦的巨石阵，可能是欧洲文化史上最早的街道设施及公共艺术实例的雏形之一，它既象征着宗教权力，又有公众聚会和举行神秘仪式的实用功能。在中世纪和义艺复兴时期的教堂等公共场所，为了引导信徒对宗教偶像的尊崇与膜拜，出现了很多涉及宗教典故的雕塑、壁画与玻璃镶嵌作品，这便是英国早期比较完整的公共艺术作品。再如位于英国约克郡的约克大教堂中，最令人惊叹的一整片彩色玻璃窗，是全世界最大的中世纪彩色玻璃窗，其面积相当于一个网球场大小，充分展露了中世纪时玻璃染色、切割、组合的高超工艺。

现代的英国街道设施在传统形式和装饰元素外，又运用了大量的新技术、新材料和新工艺，致力于追求内在的自我表现，以不拘一格、丰富有趣的构思，来表达作者对生存形式的思考和非同一般的前卫观念。但是在现代新技术、新材料盛行的当下，相信英国红色电话亭依然是我们认知伦敦的符号元素，红色电话亭也因此成为英国街道标志性设施之一，成为英国的国际名片。

（四）日本的街道设施设计

战后的日本在吸收了世界各国的经验后，重新建造了自己的城市，在广场、商业中心、地铁站、公园、游乐场等场所，街道设施除了比较齐全外，还充分地表达了他们的地域性特色，和日本固有的本土文化相融合。比如一些设立在传统街道旁的低位置路灯，这种路灯的造型最具有日本特色，造型古朴，与周围环境气氛很协调。日本这种现代设计必须立足于地域文化的观念，既体现了现代科技与本土文化的结合，充实了日本社会环境的现代气息，又体现了日本人的文明素质。

图 3 – 33　英国伦敦街头的红色电话亭

日本东京是人口密度相当大的一个国际都市，地少人多，所以设计师对空间进行了分层的立体考量用来满足人们日常生活中对空间和设施的需求。东京浅草周边街道的自行车停放区域由于自行车数量多而停放空间有限，所以停放的车位分为立体二层，从而解决停车占地问题。对人群的不同需求进行了分类考量，体现了设计的细致和严谨。在日本随处可见的分类细致的垃圾箱设计，包括易燃性垃圾、不燃性垃圾、塑料垃圾，以及圆形瓶罐垃圾四类。圆形的瓶罐垃圾还分为罐装的和瓶装的两种。这有利于垃圾的回收和循环再利用，具有绿色的环保理念。设计态度决定生活态度，设计的定位决定生活方式。即使是自己制造出的一件小小的垃圾都要认真负责到最后的归属地，从中可见日本人认真负责的生活态度和严谨的工作作风。

从日本的街道设施系统设计中我们可以学习到：

（1）科学理性的空间规划——街道设施先进的设计，有助于提高人们的公共空间利用率，加强人们的沟通与交流，提高人们的生活品质。空间层次分明、美观大方，关注细节。细节决定成败，细节决定品质。日本的城市设施的设计师是真正地站在使用者的角度进行思考、规划和设计的，体会他们在使用时的行为习惯和心理感受，这样的设施设计才能给使用者提供真正的便利。

图3-34　日本东京分类细致的垃圾箱

（2）关注人性的无障碍设计——日本的城市设施设计对于细节的把握非常到位，把人们的需求分类、功能细化，甚至精确考虑到人在行为活动中的每一个行为举动的需求和感受，为残障人士提供方便。日本街道设施设计的先进和完善，使残障人、老人、妇女和儿童等弱势群体能参与到社会活动中来，使他们能行使参与社会的权利。从另一方面来看，无关贫富差距，不论老、弱、病、残，大家都能感受到社会的关爱，实现了真正的平等，这样才实现了人性化设计的初衷。

（3）清晰完善的道路导向系统——导向系统充分考虑人体工程和视觉习惯，设计先进科学，通过各类专门设计的指示标牌，为人们提供清晰指引。就设施本身而言，我们国家完全有能力和技术制造出相当的产品。无论是高科技还是新材料其实都不是问题，问题是设计师是否很好地站在使用者的角度进行规划和设计。

二 我国城市街道设施发展现状及存在问题

目前，我国城市街道设施开发与设计刚刚开始，同发达国家相比，无论是开发的广度还是深度、设计的形式和制造工艺水平还相差甚远，还没有形成由专门的设计人员来从事这一课题的设计研究。就管理方面来讲也不尽如人意，街道设施设计种类繁杂，没有专门的部门来统一规划与管理，处于一种杂乱无章的状态。由于没有训练有素的专业设计师来设计，所以形式陈旧、设计不到位、缺少灵性与创意。工业化技术手段的落后，也制约了街道设施设计的发展，工厂加工成本高，工艺粗糙又形成标准化、构件的互换性等。

目前，国内在街道设施设计与管理方面存在以下几个方面的问题：

1. 街道设施配置不健全，形式缺乏美感

公园里的环境设施设计不成系统，虽然有一些公共休闲座椅和路灯、水景、路障、垃圾桶等，但都很不完整；一些路段设施不健全，缺乏必要的服务设施，如公共厕所、垃圾桶、电话亭等。一些公园街道缺乏无障碍设计，使残疾人失去了与大自然亲密接触，失去了与社会朋友交往的机会；文化艺术方面设施较少，如缺少报刊亭、质量高的雕塑等；现有的设施整体水平低，服务设施的设计与环境之间缺乏应有的呼应关系。设施的材料和造型之间的选择上忽视实用功能的要求，往往造成其耐久性差，不易清洗等后果。

2. 缺乏地域特色，盲目引进照搬国外设计作品

他们中的一些漠视中国文化，无视历史文脉的继承和发展，放弃对中国历史文化内涵的探索，是对城市街道设施设计的误解。城市的特色

危机是全球性问题。城市街道设施的设计往往不顾城市的历史与文脉，到处照搬照抄，不是盲目的复古，就是一味追求现代感赶时髦，我国现存的相当一部分街道设施缺乏与气候、环境、建筑的协调性。

由于中国建筑设计教育起步较晚，没能"与时俱进"，使得中国设计师的整体水平与世界一流水平有一定差距。但是，为了不影响中国同世界接轨的脚步，一些适合和不适合的国外知名设计师的设计作品被盲目引进，出现在中国城市的大街小巷。他们中的一些人漠视中国文化，无视历史文脉的继承和发展，放弃对中国历史文化内涵的探索，是对城市街道设施设计的误解。

3. 缺乏人性化设计

街道设施缺乏人性化设计，主要体现在：

（1）细节设计不足，目前很多街道设施没有充分考虑人的生理需求和心理感受，细节设计不够，体现不出对人的关怀。

（2）街道设施与环境的适应性不足。户外的街道设施与室内环境不同，它属于大众的活动空间，人们各种行为方式的差异，促使街道设施也应与之相适应的功能与特性。

（3）街道设施对无障碍设计考虑不足。

4. 视觉污染

城市的建筑物、街道、设施等都是公共艺术，应该用艺术的标准来要求。城市中的任何一幢建筑、一座城雕、一块指示牌或广告牌，无论美与丑，不管是喜欢或厌恶，市民或者旅游者走在路上都必须看它，是强制性视觉。不和谐、不美观的城市建筑物、街道设施是一种严重的视觉污染。因此，要为市民创造一个美的环境，尽量减少视觉污染，变视觉污染为视觉美感。

5. 过于程式化

街道设施设计的另一大误区就是千篇一律，过于程式化。人文环境中未来拥有的历史感和时间性，被日趋统一化和雷同化的倾向所冲淡。人们在世界各地到处可以看到相同的面孔。一个城市的街道设施固然要考虑到整体的统一和完整性。但是不顾周围景观环境、生态环境的一味追求和谐的一致，必将会造成审美上的不和谐。国外百货商店里还有卖自行车架，说明他们的街道设施已经产业化了，相比之下，我国在此领域还未形成生产开发上的产业化、商业化，街道设施产品开发潜力巨大。

城市发展建设日新月异，城市街道环境建设越来越美，但城市街道配套设施设计开发严重滞后，没有跟上发展需求，使城市文化、街道景观建设大打折扣。对于一个城市来说，富有特色又不失现代风格的街道设施设计无疑是展示自己和城市风采的最好名片。但还是有很多地区的街道设施无法达到与地域环境和文化的共融与和谐，仅仅追求个体与局部设施的高品质或者精益求精的设计，并不能达到整体的和谐，这也是当前在城市建设中存在的问题。当人们在使用设施的过程中，感受的不仅仅是街道设施本身所体现出来的功能性，也应反映出人与产品及环境之间的协调性。随着人们的生活质量的不断提高，街道设施在设计上应该追求它的整体性，追求人—物—环境以及城市文脉和城市旅游形象的和谐与延续。

三　国内外城市街道设施现状比较研究

欧美各国，从历史上就对城镇广场和街道的设施十分重视，各种街道设施与建筑物珠联璧合、相映生辉，形成了丰富的城市空间和多彩的人文环境。国外的许多街道设施，如花坛、台阶、水池等，大多与座凳、靠椅相结合，既清洁美观，又方便大众，扩大了"供坐能力"。在一些社区里，有的摆些石磴、石板，孩子们在其中可以尽兴玩耍。日本有些公园或广场设置一些节水型的喷水小品，有水无水皆成景。

过去，我国城市街道设施相当贫乏，即使有些资金，也宁可在门面装潢上大费笔墨，却不愿花在给公众提供方便的街道设施建设上。近些年来，随着改革开放的深入，人们的观念有了很大的更新，城市面貌有了很大的改观，城市景观也越来越受到大众和专业人士的重视。城市街道和广场上的设施逐渐增多，这也是社会物质、文化发展的反映。比如南京太平北路珍珠河旁的小游园，虽面积不大，但设施齐全，亭、廊、花架、石凳椅、可作休息之用的花坛，给附近居民提供了一个舒适宜人的休息活动场所。正是设计师考虑了人们的需求，有目的地设计这些设施，才使这个公共场所充满活力。

城市街道设施的可用性问题近年来在不少发达国家都受到了极大的关注，因为它涉及大众（用户）的需求，贴近我们的日常生活，是一个城市文明的象征。在我国迈向更加现代化的进程中，不可避免地在城市街道设施建设过程中存在许多亟待改进的问题。比如电话亭整体设计偏高，没有考虑到残疾人士和儿童的需求、现行的对称分布的电话亭容易造成打电话者的隐私被泄露、噪声过大、无挂物钩等。而反观国外的电话亭设计，基本上很好地解决了大家所提出的问题，通过这一个事例就很好地说明了我们在设计上的差距。此外我们再看看垃圾桶、候车亭、路灯、花坛等例子，同样激起大家对现有的身边的这些街道设施的"不满"的热情。除了这些硬件问题，我们在软件设施方面也暴露出了不少问题。社会科技高速度发展，网上冲浪已经成为家喻户晓的现代信息平台。每当我们在访问国外的一些国家的街道设施设计系统网站时，这些网站简洁、方便的访问模式和强大的技术解决方案都给人留下难忘的印象，而中国街道设施设计系统网站在访问速度、信息检索、结果反馈等方面相比之下则要逊色不少。

城市作为当今创新、创造的中心，城市及其相关问题成了一个社会进步和发展过程中有待解决的重大课题。城市历史文化街区中的文化传统在现代主义的冲击下几乎荡然无存。从我们的周围已可以深切地感受这种变化，我们所生活的城市中的老房子、老街区、老桥……这些承载着城市历史文化的物质载体和场所已难觅其踪影，城市渐渐地失去了应有的历史记忆。过去，国内城市历史文化街区中街道设施设计所展现的地域文化要素在无形中被忽视了，部分的城市在进行历史街区的改造设计中对于街道设施的设计产品，往往都采用"拿来主义"去模仿国外的一些优秀的街道设施作品，并没有建立起自身的特色。然而，假如在城市中每条街区的街道设施都如出一辙，就像从一条生产线上生产出来的，那么在这些雷同的设施面前，你将无法分辨它们的归属。当街道设施设计的结果似乎只剩下功能主义时，造物的本意被扭曲了。人们越来越多地认识到，街道设施所反映的是人、文化、环境的相互影响和相互作用的过程。事实上，不同风格的街道设施，体现了不同时代、不同地域和不同环境中的文化异同现象。因此，国内城市街道设施设计应该要考虑历史文化的延续性和地方特色的可识别性。

第四节　城市街道设施设计原则

一　城市街道设施的性质

（一）城市街道设施是城市文明的体现

城市街道设施的形态是一种文化的形态，它们是一个城市文明程度的体现。城市街道设施的形态归根结底是一种文化的形态。我们从古代罗马人崇尚的庄重伟大、希腊人追求的恬静严谨、印度人飘逸的神秘幽玄、日本人喜爱的淡薄素雅、中国人讲究的等次对称等都可以探寻其文化的渊源。

今天，尽管由于科技的进步、观念的变革以及交流的广泛，城市街道设施在城市景观中呈现出光怪陆离且世界同一的双向趋势，但是思考充分且设计良好的街道设施，仍然有力地反映了环境以及地方或民族的特点，其形态仍然显示出其独到的气质。

图 3 – 35　巴黎街头的公共厕所

（二）城市街道设施是城市的名片

城市街道设施作为开放且运动的体系，与建筑和自然相互渗透交叉，街道设施是城市客厅的家具，它们是一个城市的名片，其设计风格的变迁与当地历史、文化、风貌、经济等因素紧密相连，其设计风格代表着城市面貌、彰显着城市精神。

（三）城市街道设施随城市的发展而发展

城市街道设施无论是在内容上还是在形式上都处于不断的演变之中。街道设施同建筑、美术、音乐一样伴随着文明而诞生，并因循城市文化和机制的要求而发展变化。一方面，某些不适于现代生活的设施逐渐消失；另一方面，某些曾经销声匿迹的东西可能改头换面重新显现出来，而兴盛一时的某些设施又可能面临新的危机。街道设施无论在内容和形式上都处于不断消亡与产生、更新与变异、潜流与主流的交替演化之中。

二　城市街道设施设计原则

城市街道设施的设计应该具有实用性、生态性、经济性与文化艺术性。从本质上讲，城市街道设施设计追求的是人与自然的和谐。使现代城市街道设施的形式和风格趋于生活化、环境化的同时，更具有亲和力。一件好的城市街道设施设计作品更应该将艺术、技术、文化和设计巧妙结合，从而最大限度地满足人性需求。城市街道设施既具有实用价值，又具有精神功能。良好的街道设施设计与布局还是公共空间中富有吸引力的许多活动的前提，是触发人们积极使用户外环境的重要因素。城市街道设施要做到传统与现代相结合、与城市风格相吻合、与城市的生态环境相融合、与城市人文环境相契合。因此，城市街道设施设计必须坚持整体性、人性化、文化性、生态性、艺术性、法制性等原则。

（一）整体性原则

国内目前的城市街道设施随意性大，品质低，缺乏美感，与城市风格不协调等不尽如人意的现象普遍存在。街道充斥了杂乱的招牌，各种尺寸和形状的灯柱、悬头顶的电缆线以及广告牌、各式各样种类和材料的垃圾桶，没有考虑它们组合在街景中的效果。城市街道设施的设计应与城市风格吻合，城市街道设施的细节要考虑到与城市建筑风格吻合。高品质的街道设施可将公共空间布置得如同温馨的家园，创造人与环境和谐氛围，使人们生活变得舒适惬意，而不是杂乱无章的空间和严重的视觉污染。城市街道设施设计实际上应该看作是城市设计的一个整体，它是一项设计活动，而不是当作一个事后的附属物品，或者是装饰物。

城市街道设施与城市公共空间环境的关系，随着人们生活和观念的变革而变得越来越密切，与整体环境和谐、协调是城市街道设施设计的基本要求。建立与整体环境相融合的观念有助于在城市公共空间中对城市街道设施进行整合化设计。因此，城市街道设施的设计要从整体的观念出发，结合城市街道设施不同的使用功能，确定其在不同环境中的造型、色彩、材料和尺度，使这些设计要素与城市公共空间环境相协调。在整体环境观念下的城市公共空间中的城市街道设施，经整合化处理，将对城市公共空间的性质加以诠释，对景观环境意象加以突出刻画，使得环境景观具有明显的可识别性，整体环境更加统一。

（二）人性化原则

街道设施设计应重视人与物和环境之间的联系，以人为主体的具有科学依据的设计，应注重街道设施与人的对话，加强以人为本的设计意识，尊重公共环境中人的行为方式。人性化设计原则是合乎时代发展要求的理性观念，是产品设计沿着正确方向发展的指导思想。人是城市户外环境的主体，街道设施都是为人服务的。因此城市街道设施的规划与设计要体现对人的关怀，关注人在其中的生理需求和心理感受，以人为基本出发点，研究人的需求，探索各种潜在的愿望，提出人在城市户外生活中存在的各种问题，符合人体工程学和行为科学，细部设计要符合人体尺度的要求，且布置的位置、方式、数量应考虑人们的行为心理需求特点，并在解决这些问题时通过户外家具本身，使人的各个器官能得到延伸而发挥作用，使人们活动起来更方便、更舒适，从而实现人存在的价值和意义，提高人们整体的户外生活品质。此外，人性化的设计不仅要考虑到正常人的需求，还要考虑到伤残人、老年人和儿童等的特殊要求，体现对人的命运关怀，对社会弱势群体的关爱，人人都可以平等且无偿地享有在户外进行活动的权利，努力创造一个公平、平等的社会环境。因此，人性化设计原则是城市街道设施设计所要遵循的首要原则。

（三）文化性原则

每个城市都有自己独特的传统和特色文化，是历史积淀和人们创造的结晶。任何城市街道设施形态都可以暗示使用功能并完全可以作为城市文化的一种载体。我们从"旧"的景观元素中可以得到巨大的满足感，找到随着时间流逝在建成城市环境与景观之间形成的连续感。城市要有积淀文化的能力才能有所发展。街道设施在城市景观环境中起到传承文化脉络和承载城市景观环境地域特征的作用，地域性的城市街道设施常见于具有历史性的景观中。城市街道设施设计在某种程度上也反映了市民对文化认知水平，以及对传统文化的价值取向和接纳新文化的能力。

艺术设计已经融入市政设施、百姓生活的方方面面，井盖、邮筒、灯杆甚至是公厕的马桶，既贯穿了设计美学的理念，又传达了一个地域的文化内涵，同时具备了实用价值和审美价值。我们要在街道设施上展现城市的历史文化，这样不仅打造了属于自己城市的"名片"，又可以让中外游客"游过不忘"，记忆深刻。

（四）生态性原则

自 20 世纪 80 年代开始，生态环境问题逐步成为备受关注的焦点，在设计领域也逐步出现了倡导环境保护的"绿色设计"，绿色设计的三原则简称"3R"，即减少（Reduce）、再利用（Reuse）、再循环（Recycle）。现已广泛地应用于绝大多数设计领域。街道设施同样应贯彻绿色设计原则，这绝不是设计几个分类垃圾桶所能解决的问题，它要求设计师在材料选择、设施结构、生产工艺、设施的使用与废弃处理等各个环节都必须通盘考虑节约资源与环境保护的原则。

（五）艺术性原则

艺术是人与社会、自然、城市产生的影响互动和心灵对话，更是一个综合的概念。艺术拥有丰富的心理与情感体验功能，艺术具有独特的能量。现代城市随着人们交往的增多，经济的发展，城市的功能也越来越趋于完善，对城市街道设施也有了越来越高的要求。艺术逐渐地体现在城市街道设施等各个层面，使艺术信息渗透到各种空间环境设计中去，所有这些有效地增强了人们对空间环境的认知感和依赖性。城市街道设施的种类和材料将不会再像从前那样单一和形式简单，而是注重了功能与艺术性的统一。在对于设施的艺术性所创造的价值，人们已经认识到通过街道设施的艺术性去感知城市和建筑，交流情感、平和情绪、激发想象与创意，城市街道设施与城市之间通过艺术去沟通人类，建立与人类的亲和关系，实现海德格尔所言的"诗意的栖居"。

城市街道设施的参与使城市空间变得有血有肉，丰富了城市景观环境的内涵，赋予城市空间独特的文化性和地域性。在越来越重视城市旅游形象的今天，我们希望城市公共空间更亲切、更人性化，打造属于自己的城市名片，为招商引资、旅游观光带来更多的机会。

（六）地域化原则

城市街道设施的设计应该充分尊重场所的内在精神，一方面为人们创造理想的户外生活空间，另一方面更应该体现出整个城市的风格特色，向使用者有效地传递环境信息。由于每个城市所处国家、地区和形成年代的不同，城市风貌呈现出多样性。生活在其中的人总能感受到城市特有的风韵。城市公共空间中城市街道设施的设计要与城市的风貌一脉相承，要与地域文化相吻合，与城市公共空间中的建筑形式、色彩、空间尺度和人们的生活方式产生共鸣。因此进行城市街道设施设计时，必须尊重地域特点、尊重城市传统文化内涵，将文化性渗透到城市街道设施中，提升城市公共空间品质、提高城市文化内涵、延伸文脉和场所感；将历史感渗透到公共家具中，将使城市景观不丧失历史气韵，并继续发展历史。

由于城市的旅游形象与文化的差别，在设计中把城市特色因素加入到城市街道设施设计中，把城市街道设施设计得富有地域特色，更有利于展现城市风貌。在城市街道设施的设计中采用就地取材的方法，将乡土材料结合进去，一方面是对当地文化的一种体现，另一方面也对被占用的地表进行了部分的生态补偿。城市街道设施作为城市景观环境的构成要素，应在符合形式美的根本原则的基础上保护城市历史传统——风格、地域特性。城市街道设施的设计元素可以从城市中传统的样式、地方风格、材料特征和城市色彩等，具有很高艺术价值的城市"原型"中去发掘，使城市景观环境发展的连续性内在结构和本质秩序得到维护与完善，赋予城市景观环境新的生命，使其本身成为传递地域特征意象，反映对传统文化的价值取向，吸纳新文化的精神和能力的载体。

（七）安全性原则

作为设置于街道环境中的街道设施，设计时必须考虑到参与者与使用者可能在使用过程中出现的任何行为，儿童的天性就是玩耍嬉闹，这是不能改变的，而能改变的是以儿童身高作为一个尺度，低于此高度的街道设施均应考虑到其材料、结构、工艺及形态的安全性，在设计伊始便尽量避免对使用者所造成的安全隐患，这就是街道设施设计的安全性原则。

第五节　城市街道设施通用设计研究

一　通用设计概念

"通用设计"一词最早出现于20世纪中叶，英文原文为"Universal Design"，中文可译为：普遍性设计、共用性设计、适用性设计、全体设计、万能设计等。通用设计定义的确立是在20世纪80年代由美国北卡罗来纳州立大学罗纳德·梅斯（Ronald L. Mace）教授所提出的，并于1985年正式使用"通用设计"一词。他认为通用设计是指"任何一种产品或环境空间的设计尽可能符合所有人使用为原则，不管使用者的年龄、身体状况或能力水平，使任何人皆能方便使用"。

通俗来讲，通用设计是指尤须进行额外的改进或特别化的设计，就能为所有人使用的产品或环境。通用设计的核心思想就是：把所有的人都看成是程度不同的能力障碍者。即人的能力是有限的，任何人在不同年龄或不同情况下，都可能成为能力障碍者。而我们的设计如果能被失能者所使用，就更能被所有的人使用。

可以看出，通用设计有别于无障碍设计，将设计对象扩大到了所有的人，提供最大限度的包容性与适用性，争取达到为所有人使用，让所有人都能平等地参与到各种社会活动中的目的。从而避免了老年人、儿童和残疾人等弱势群体的差别对待。这便体现出了文明社会所倡导的人人平等、没有偏见、没有歧视、尊重个人权利的民主观念。例如通用设计的尺子，根据汉字数字中偶数字形左右对称的特点，将其使用在透明材质尺子的刻度上，使尺子无论哪个面向上放置，看到的字都是正的，使左撇子和右撇子使用者的使用需求都得到了满足。

通用设计最主要的特征就是在满足特殊人群的特殊需求的同时，就能被所有人所使用。更重要的是避免其专为特殊人群设计，消除弱势群体的自卑心理，使他们能与常人一样的心态去接受这种产品，强调所有人群公平的使用，没有区别、偏见或歧视。日本建筑学会将通用设计的主要特征描述如下：

（1）包容性：尽可能考虑到各种不同人的特性，为所有人提供方便。尤其是环境和设施，既适合健全人的活动，也适合存在不同障碍的残疾人、老年人以及儿童等弱势群体的活动。

（2）便利性：充分考虑人的行为能力，最简便、最省力、最安全、最准确地达到使用目的，最大限度地满足人们的愿望。如物体的可操作性、防疲劳、易识别、易交流等。

（3）自立性：承认人的差异，尊重所有人。通过为有障碍的人提供必要的辅具和便于活动的空间，帮助有障碍的人提高自身的机能去适应环境，使他们能够独立的行动。

（4）选择性：通用设计不必追求统一的标准。对某一产品、某一空间来说应提高其适应性。就整体而言，应提供满足不同需求的商品和活动空间，以供给不同的选择，使有障碍的人排除障碍。在包容性和选择性之间寻找平衡。

（5）经济性：通用设计的服务对象包括了相当一部分弱势人群，因此要保持低成本、低价格，要有良好的性价比。

（6）舒适性：生理障碍往往伴有心理障碍。要通过对形态、色彩等的设计处理，达到美的视觉效果和良好的触觉效果，使有障碍的人也可以感受愉悦。

可以看出，通用设计的特征涵盖了传统无障碍设计的各项基本原则，区别在于设计不仅仅是对弱势群体的，同时也是面向正常人的，从而循序文明社会的法则，体现了"以人为本"的设计理念。

二　城市街道设施中通用设计的影响因素

影响现代城市街道设施人性化设计的因素很多，人的不同、民族宗教的不同、环境的不同、文化的不同等都可能对城市街道设施的通用设计产生影响。归纳起来，这些影响因素大体上可分为两大类，即人的因素和环境因素。人的因素是指街道设施受众人群的生理、心理及行为等因素；而环境因素主要包括自然环境因素和人文环境因素。下面我们便逐个分析各个因素的特点，以及对街道设施中通用设计有哪些影响，进一步指导我们在街道设施中的人性化设计。

（一）人的因素

街道设施设计以人的需求为中心，不仅要美观，而且充分考虑使用人群的需要。老年人、残疾人、儿童是社会的弱势群体，他们有着不同的行为方式与心理状况，如何结合他们的生理与心理特点进行设计，如何使他们在使用设施时感到方便、安全、舒适、快捷，是设计师进行人性化设计时应该认真思考的问题。

1. 受众人群

对于城市公共空间的生理、心理以及行为需求主要体现在对空间环境的无障碍化要求上——包括自由移动、容易的环境认知和简便的操作要求，以及对空间使用的公平性、包容性之上。通用设计的受众不仅仅是社会中相对的弱势群体，更包括身体健康的人群。可以这样说，通用设计理念是在为一般人进行设计的过程中，一并考虑到了弱势群体的需要；或在为弱势群体设计的过程中，进而扩展到一般人的需要，也就是将健康人群的需要和弱势群体的需要综合起来考虑，作出充满爱与关怀的设计，使人类没有相对的健康人群与弱势群体这一分别，从而构建一个人人平等、人人共享的社会大家庭。

塞尔文·戈德史密斯在他的论著《普遍适用性设计》中提出了一个通用设计金字塔模型，在这个金字塔中，作者按照人们的身体技能状况，从下到上分为 8 个等级，最下方的第 1 层身体状况最好，按照从好到差以此类推，最上面的第 8 层为身体状况最差，人口比例由下到上依次递减，形成一个标准的金字塔形状。通用设计金字塔还体现出了现行各种设计的受众人群。箭头 A 指面向第 1—2 层健康人群的设计，这是以往设计师所服务的主体；箭头 B 和 C 从不同的角度研究

了3—5层中弱势群体，也就是无障碍设计主要的研究对象；箭头 D
自下而上涵盖了所有人群，这便是通用设计所研究的受众人群。随着
老龄化社会现象的加剧，我国未来通用设计金字塔的形状大约是一个
类似"倒梯形"的形状，塔的基座越来越窄，年轻人口比例越来越
小；塔顶越来越平、越来越大，塔顶的老龄人口比例越来越大，这便
要求我们更多地关注塔顶人群的需要。

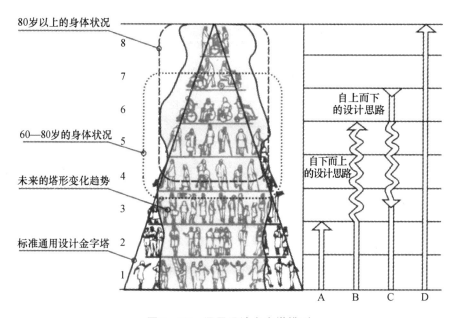

图 3 - 36　通用设计金字塔模型

2. 人的生理因素

人在公共空间中的行为是多样的，不同的行为产生不同的姿态。
人体活动所依据的空间尺度是确定街道设施的主要依据。所以，为贯
彻通用设计理念，在街道设施中应考虑男女老少不同的生理条件和姿
态特征，采用适应大多数人体的尺度标准，并留有一定的空间余地。
街道设施的通用设计研究中需要考虑人的生理因素主要包括人体结构
特征参数、人体机能特征参数、人的感觉器官（如视觉、听觉、触觉
及肤觉等）的机能特征以及人在不同的劳动状态下的身体状况。而人
的一生从儿童、青年、中年到老年人的生理尺度在不断变化。这便要

求我们根据人体工程学和人体环境学等学科的研究方法，全方位地分析研究不同的人体尺度、活动空间及行为特征等，从而确定通用设计使用依据，以应用到具体的城市街道设施设计中。

3. 人的心理因素

身处在城市公共空间中，人作为街道设施的主导者，会形成一些普遍的心理变化和感受，这些心理状态符合在公共空间中的绝大部分使用人群，包括老年人、残疾人、儿童和健全人。这种感受，可以不经逻辑推理只凭直觉，或按个性、心理需求而对空间做出回应。由于老年人和残疾人在生理、心理特点上又有所区别，使他们的心理状态又有所不同。

表 3 - 4　　　　　　　　健全人与残疾人的尺度与行为比较

类别	身高（厘米）	正面宽（厘米）	侧面宽（厘米）	眼高（厘米）	水平移动（米/秒）	旋转180（厘米）	垂直移动台阶（厘米）
健全成人	170	45	30	160	1	60×60	15—20
乘轮椅人	120	65—70	110—120	110	1.5—2.0	φ150	2
拄双杖人	160	90—120	60—70	150	0.7—1.0	φ120	10—15
拄盲杖人	—	60—100	70—90	—	0.7—1.0	φ150	15—20

在设计中，由于公共空间中使用人群的多样性，不仅要考虑到以上人们的基本心理特点和需求，还要考虑到残疾人和老年人自身的一些认知、性格和心理特点。残疾人和老年人等弱势群体要求与健全人一样平等参与，共享社会文明成果，渴望得到人们尊重和体现自己价值。通用设计正是由此角度出发，充分考虑弱势群体的心理需求，弥补了无障碍设计对他们心理所造成的伤害，消除弱势群体的特殊感和隔离感，从而体现了更高层次的人性化设计理念，为城市提供了更为平等、舒适、便利的社会环境。

4. 人的行为因素

人类在长期生活和社会发展中，逐步形成了许多适应环境的本能，这就是人的行为习性。人的行为是一种由某种刺激作用而产生需求欲望所引起的心理不平衡而导致动机的生成和目标追求。街道设施是一种功能载体，它设置于各种公共环境空间，为人们提供服务，设施与人的行为产生着相互影响的互动关系。人根据需要创造城市环境，是人的行为决定了街道设施，反过来街道设施的各种产品要素直接影响着人的行为。空间与行为的结合构成了为人使用的场所，以适应人们各种不同的行为，只有这样空间才具有真正的现实意义。

另外，人在城市环境公共空间中的行为一般是目标导向，但受到各方面因素的影响，人的行为，有时呈现偶然性、不稳定性、复杂性的特点。同时，公共空间中活动的每个个体也都呈现出不同的行为特点，人和人之间的不同、健康的人和行为障碍的人之间的不同，都需要我们加以研究。所以，加强对公共环境空间中人的行为特征的研究，是研究城市街道设施中通用设计的前提。

（二）环境因素

任何事物都不是孤立存在的，都处于一个广义的大环境中，环境是人类生产和生活的场所，是人类赖以生存与发展的物质基础，街道设施作为人类文明的产物也是如此，以环境为背景，进而烘托环境。所谓环境，就是人们所感受到、体验到的周围的一切，它是与人类密切相关的、影响人类生存和发展的各种自然和人为因素或作用的总和。

1. 自然环境

不同的地形地貌和地理环境特点使不同的地区具有不同的自然环境，街道设施的设计也需要考虑这方面的因素。街道设施总是要存在于一定环境中，所以在研究街道设施时，必然要对其依托的环境进行分析，了解环境空间的大小、性质、形态及其他相关因素。自然环境的差异往往对街道设施设计提出不同的要求，由于各地域气候差异、地理环境的不同，人们在使用这些设施时就会面临不同问题。

因此，在进行街道设施设计时，必须充分考虑所在区域的自然环境特征，从而满足当地城市民众的实际使用需求，而不能盲目模仿或引用其他地区的经验。街道设施与环境的相互作用直接体现在设施形态、颜色等方面，即与环境相融或不相融。

2. 人文环境

每个城市都有独特的传统和文化，城市的形象是城市历史文化的积淀，是城市各种载体的综合反应。街道设施作为一种城市文化的载体，传承着城市历史文化的基因，同时也是城市空间的组成要素，起到延续民众生活传统的文化功能。由此可见要展现一个城市的文化及其风貌，街道设施设计过程中就要充分考虑这些人文环境因素。

人文环境包括地域文化、历史积淀、民族传统、生活方式、意识形态、风俗习惯等元素。由于各个城市人文环境的不同，处于不同城市的街道设施设计是必须要与该城市文化特征相关联，使街道设施与人文环境协调一致。设计师首先要充分研究设施所处城市的人文环境元素，将其典型的具有鲜明特征的形态、色彩、文化符号等文化特征提炼出来，以此作为设计的基础材料。在进行街道设施设计时，可整合城市文化体现在建筑的领域的形态、色彩等隐含因素，运用到街道设施设计中去。好的街道设施设计不但要具备实用功能，还要重视、研究并发掘不同城市所特有的文化特征，才能设计出符合这些地区特色的人性化街道设施。

三　城市街道设施中通用设计的基本原则

我们要将通用设计的理论具体应用到城市街道设施设计中，有必要把通用设计原本概念化的基本原则加以概括，归纳出适合街道设施特点的基本原则，以此为基准指导具体的实际应用。概括起来，城市街道设施中通用设计的基本原则主要有：公平性原则、易用性原则、安全性原则、经济性原则和美观性原则。

（一）公平性原则

公平性是通用设计理论的核心原则，通用设计的目的就是解决一个社会的公平性问题，就是要让残疾人、老年人等社会弱势群体不会因为身体的不方便而影响生活质量，同时它并不是专门为残疾人进行的设计，而是希望把所有健康者的使用都包含在内的一般性方法。

对于城市街道设施而言，其公平性更显重要。街道设施的初衷便是为大众而作，为大众而服务，无论是功能还是形式上，体现出最大的公平性是街道设施设计成败的关键之一。具体实施起来要求使不同人群的使用者都能平等、轻松地使用相同的设施，不排斥年龄、性别、身体机能等差异性，体现出最大的包容性。例如，现在公交车的设计越来越多地采用低底盘，为老年人、儿童及残疾人上下车提供了方便，但这样的改进并没有感觉到是为特殊人群而特意做出的，普通大众对于这样的改进也表现出了极大的好感。

（二）易用性原则

通用设计的易用性原则是指无论使用者的经验、知识、行为能力及生理状况如何，也不论使用者是否存在不同障碍，都可以很容易地掌握设施的使用方法；不论周围环境状况或使用者感官能力如何，都能有效地为使用者传达相关的设计信息。这便要求街道设施的设计做到以下两方面：一是使用者可使用不同方式包括视觉、听觉、触觉等，直观有效地感知各项设计信息；二是无论操作对象是谁都能够自由地操作。我们可以在设计的操作方面加入可调节设计或多样性设计，减少不必要的复杂性，使其能够适应所有人的使用。

（三）安全性原则

安全性原则是首要的，是进行设计的基础。任何设计需首要解决的问题之一便是避免其一切可能存在的安全隐患。对于街道设施而言，安全性是除了使用功能以外第一步便需要考虑的问题。由于街道设施所处的公共空间内有太多的不确定因素，其应用的对象十分广泛，对于不同的人、不同环境、不同情况都可能产生截然不同的效果。所以为了确保街道设施的安全性，设计师在设计时应分析所有可能存在的使用状态，尽量降低错误使用或因意外等原因引起的危险和错误的产生，发生错误和危险时会及时提出警告。

一个很有效的办法就是在设计中融入容错性设计。这种容错性设计是指考虑到人人都会犯错的现象，将所有可能发生的错误进行分析，降低错误发生的可能性。一旦错误出现，也能够有挽救的可能，而不至于出现"一失足成千古恨"的局面。

（四）经济性原则

经济性原则主要是考虑设计的成本。由于通用设计理念所倡导的目标便是设计能让所有使用者使用，理论上这样便可减少专为弱势群体而进行的特殊设计，从而在一定程度上降低了设计的成本。另外，由于通用设计中常采用一种可调节或最大尺度的设计，这样往往使街道设施的设计占据了更多的空间，又提高了一定的成本。

所以，在实际的街道设施设计中，设计师需综合考虑各方面因素，在达到公平性的前提下，节约资源、绿色环保的，使设计满足经济性原则，用最低的成本获得最大的效果。具体来说，要做到所设计的设施有较强的耐久性，能在各种情况下，长时间地使用而不会丧失功能，同时又能容易、轻松地保养、修理，降低后期维护成本。

（五）美观性原则

身处在城市公共空间中的街道设施，在体现其使用价值的同时往往是一个城市旅游形象的代表，所以满足设计的美观性原则尤为重要。设计必须考虑到审美品位和外观形态等一些细节设计，在视觉享受、材质触感及使用方式等方面都能得到使用者的喜爱。

同时，街道设施的美观性往往带有很强烈的文化色彩。作为城市景观建筑的主要组成部分，其设计应秉承所在城市的历史文化和风俗民情，体现当地特有的风貌与气质，并展现出当地居民的精神文化面貌。街道设施的设计要综合运用多种设计语言和现代表现手法，在满足使用功能的基础上给人以视觉上美的享受。

四　通用设计在城市街道设施中的应用

我们来研究一下通用设计理念是如何在城市街道设施中的应用。有必要强调的一点是通用设计只是一种设计理念，它并不是一种新的学科或风格，它只能作为我们设计的一种指导或清楚易懂的方法，所以在整体上并不能直接体现出来，更多的是在一些点上和细节上表现出来。下面我们看一下通用设计在城市街道设施的交通系统、信息系统、卫生服务系统、休息服务系统和游乐系统中的具体应用。

（一）通用设计在交通设施中的应用

交通设施是城市公共环境中不可缺少的设施之一，对于我们大众来说就是使用最频繁也是最方便的交通工具。但对于有障碍人士来说，家门也许是一道他们永远无法逾越的障碍，因为他们无法使用普通的交通工具。交通设施设计导入通用设计理念之后，更加全面地考虑到了残疾人、老年人、儿童等的特殊需要，将这些特殊需要融入为一般人所设计的交通工具中，使原来的交通工具更加便于这类特殊人群使用。因此，对于城市公共空间的通用设计中首先需要考虑的就是交通设施的灵活性，行动方式的最大限度多样化。

1. 通道

从通用设计的角度出发，公共空间中的通道体系总体上应能够满足所有基地和建筑中的使用者需求。设计时应当充分考虑到所有人的需求和行为特点，包括不同的移动速度、不同的身体条件。人行横道要考虑轮椅、视障人的通行方便，盲道与人行横道之间要有交接以导引视障者过路，在路口处设置利于盲人辨向的音响设施。在人行横道的出入口应设坡道。为便于盲人行走时的方向识别，保证盲人的人身安全，人行道宽度需要在 2.5 米以上。在交通事故频发地段的人行路面，要与车行道有所分隔或高差。人行道要设有肌理地砖的盲道。残疾人和能力丧失者在进入公共建筑物前，需将所乘三轮车换成轮椅，这就要求在公共建筑物或住宅入口处设置一定数量的专用停车场所，且尽量靠近建筑入口，同外通道相连并辅以遮雨设施。

2. 坡道

坡道是交通设施设计中不可不知的一个重要方面，是一个界面向另一个界面过渡的一种方式，极大地方便了轮椅、婴儿车、手推车等车辆的通行。坡道是协助有轮交通工具应付水平面变化的必不可少的方法。在步行道出现高差，需设置多段阶梯的地方，为使轮椅等人力车安全便利攀登，也应设置坡道。一般坡道的宽度一般在 1.2 米，超过 5 米长的坡道宽度应在 2 米，可以使坐轮椅者与其他人并排经过。

3. 出入口

由于生理方面的原因，残疾人和能力丧失者希望能与健康人共走一个入口或在同一入口设置专用入口，而比较忌讳走旁门和后门。如采用自动门可方便任何人的进出。建筑物出入口的通用设计，应该室内外地面相平。如果室内外有高差时，应使用坡道连接。通用化的出入口空间，充分体现了易识别、易到达、易通达的特点，尤其能够适应弱势群体的生理及心理需求。

（二）通用设计在信息设施中的应用

信息设施在现代城市公共中的作用越来越大，它为人们提供各种服务信息，方便人们的生活。国际上很多国家也开始倡导公共信息的通用设计，制定公共信息图形符号的国际标准。信息设施的通用设计主要体现在以下几个方面：

（1）考虑到信息世界通用性，信息设施布局要合理完善，内容要准确、清晰，色彩、字体应该尽量采用国际、国内的通用符号传达信息，使不同地区、不同国家、不同语言的人都可以识别。如采用国际通用的交通标识及符号图形设计。

（2）考虑各种使用人群。设计时应尽量简洁易懂，尽量设置触摸平台或声音系统以便于盲人或视力不好的人群使用。

（3）通用设计强调信息设施要包容每个人的经验、性格、方向感等个人差异，老年人自然也属于考虑的范畴之内，也就是说，利用"简单容易学会"和"多种类感官信息"的原则来指导信息设施的设计。

（4）信息的背景色与图形、符号要突出，设计形式可考虑多种表达方式，如可触标识，可触标识的特点是视力正常的人与盲人都可使用，而可触盲文又不影响设计的视觉形象。

（三）通用设计在卫生服务设施中的应用

卫生服务设施是为了满足人们多样化的生活需求，方便人们在城市中的公共生活。本着通用设计的基本原则，卫生服务设施在满足人们实际需求的同时，研究街道设施的造型、布置，使其与周围的环境相协调，使服务设施各得其所。为提高城市公共空间环境的整体形象，满足人在户外活动时对卫生条件的需求，在城市空间中需设置相应的卫生服务设施。使细节设计更加符合人体尺度的要求，且布置的位置、方式、数量更加考虑人们的行为心理需求特点，越来越追求人性化的发展。

为了便于残疾人通行，公共卫生间的出入口应设坡道，或坡道与台阶并设。卫生间的入口、通道、残疾人厕位及厕位两侧都应设安全抓杆。卫生间的平面造型和开门位置既要满足轮椅转向和极限动作的需要，还要保证卫生间的空间尺度能够满足需要辅助器械的老年人或残疾人的行动需求。

（四）通用设计在休息服务设施中的应用

休息不仅是人生理上的需求，同时也是人的思想、情绪放松的精神休息。所以休息设施的设计充分体现对人的关爱，有利于人与人之间的沟通交流，不仅有很强的实用功能，而且也是城市景观的重要因素。为满足城市居民户外休憩的需求，在户外环境中的街道、广场、公园等场所，设置座椅，以供人们休息、交流、读书等。可以说座椅是户外环境中使用率最高的休息设施，它不仅有很强的实用性，而且也增强了城市环境的人性化成分。

座椅要考虑各类人群的使用要求，设计应符合人体生理角度，大小一般以满足1—3人使用为宜；座椅放置的地点要合理，要能方便行人出入，应选在夏季的遮阳，冬季的防寒地方；座椅设计要考虑人在环境中的活动规律和心理习惯，注意座椅在空间环境中的布局形式及与人的关系。座椅要坚固经久耐用，不易损坏，应采用较为舒适且热传导性差的材料，如木材。

图 3 – 37　街道休闲座椅

（五）通用设计在游乐设施中的应用

在游乐设施中，通用设计重点考虑的问题就是儿童的安全。据欧洲共同体国家统计，每年在室外致死儿童多达2万人，另有3万儿童终身致残，造成事故的原因是被室外的街道设施、电器、玩具等绊倒或碰撞。这种安全概念要从人机工程学的角度，通过对儿童的心理活动以及行为活动的分析加以考虑。如在游乐设施上的钉子、螺栓等小配件不能抓住儿童的衣服、身体，在有一定高度的设施上应设有围栏防止儿童跌落，地面要有软材料的保护，以免摔伤。儿童游玩多有大人陪护，所以周边要设置一定的休息设施，以供大人使用。

五　基于城市步行街道景观环境安全性的通用设计研究

城市步行街道景观环境建设的安全性问题，可能对于常人来说，不会太过在意这些问题，但是对于我们生活中的那些小孩、残疾人以及老年人来说，城市步行街道景观环境的建设规格相对就要保证在较高的水平上。因为如果在城市步行街道景观环境中，哪怕是出现一丁点的故障，就会导致其活动受阻，严重的还会导致生命危险。所以，为了避免意外事故的发生，导致人员受伤或死亡，我们有必要建立良好的城市步行街道景观环境无障碍系统，在此之中，首先就是要协调好人与环境的关系，在保护环境的基础上，才能创建良好的环境景观设施，接着就是要教会人们在面对危险时，知道应该如何处理。然而就当前来说，仅仅做好这两方面的工作是不行的，因为安全问题的解决方法是多方面的，所以，我们应该通过这方面的思考来找到相应的安全对策。

（一）当前城市步行街道景观环境中常见的安全问题

在城市步行街道景观环境中最常见的危险就是不慎摔倒现象，其中老年人和残疾人以及小孩的发生率相对较多，最容易发生的意外就是在走路的过程中，由于一些残疾人或老年人的视力问题，使其对于危险事物判断力不足，不能很好地预测危险，所以导致其比较容易绊倒或滑倒。而这对于那些身体平衡较差的人来说就更需要注意。对于小朋友，其天性比较好动爱玩，喜欢一些比较激烈的蹦跳运动，所以也很容易出现摔倒现象，摔倒是一种常见的意外情况，采取一定措施可有效避免，但还是会出现，其也并不一定只存在小孩、老年人以及残疾人中，有很多身体健康的成年人，在注意力不集中的情况下，也会不慎摔倒，所以，其解决措施要具体问题具体看待。除摔倒之外，在城市景观环境中，还有一种事故比摔倒要严重得多，那就是跌落。对于此项事故的危险性还要看其跌落的高度以及跌落人的身体状况，如果是一个正常的人从相对二层楼高的高度跌落，那可能只是轻伤；同样若是一个身体存在疾病的人从这样的高度跌落，则很可能出现严重的摔伤甚至生命危险。这也相应地要求我们对于具体的安全问题要辩证地看待，但是，不管是什么样的危险因素或危险程度，我们都要尽最大努力将其解决，降低其对人们出行以及活动造成的危险。具体方法就是增加城市景观环境中，存在高度差距的防护设施建设。

在分析了摔倒和跌落这两项安全问题之后，还存在一项比较常见的安全问题，那就是碰撞。现在在一些地方，经常性地能够看到为盲人修建的盲道遭到了占用，导致盲人在行走的过程中，很容易发生碰撞。又由于城市的发展，使其不断地进行道路施工，许多的道路被挖断，在施工环境不到位的情况下很容易出现意外。这同时也使一些肢体无法行走的轮椅患者，没有了行走的空间。

（二）改善城市步行街道景观环境安全性的设计方法

针对上述存在的常见安全问题，根本性的解决方法就是加强城市步行街道景观环境的安全性设计，其主要的方法和措施为：

1. 建设整齐有序的防滑地面

在城市室内外地面特别是存在倾斜的地方，都要相应地采取此措施，在平常的生活中，我们可以看到有很多人，因为地面太滑而摔倒，轻者扭伤，重者骨折。而且这种现象在下雨天尤为突出。因此对于防滑工作的建设是很有必要的。在地面铺设的过程中，还要相应保证其高低的一致，防止由于其铺设的不平整，而导致绊倒现象。

2. 为残疾人安装牢固的延长扶手

由于残疾人这一个特殊群体，为了使其在通过楼梯或者斜坡时不会出现意外，需要相应地增加扶手的牢固性，使每一个扶手支点都能够承受得了 120 公斤左右的重量，在此基础上还要增加扶手两端的长度，具体为 0.35 米，这样可以使盲人在通过时可以相对较平稳，不会感到不安。对于扶手两端的宽度设计可以采用向地弯曲或者向两边弯曲，这样减少了其对楼梯或者坡道宽度的影响。

3. 减少步行街道景观建设的棱角性，加强高差坡道台阶扶手建设

现在的城市步行街道景观环境建设中，我们应该尽量地改变棱角建设风格，避免人们在不小心摔倒时，碰到比较锐利的尖角而发生意外事故。而对于有些高度较高的斜坡，应当加强其栏杆扶手的建设，特别是在一些景区或者人群较多的地方，更需要加强路面高度差的防护工作。针对幼儿或小朋友，其扶手栏杆的下栏杆柱之间的距离要在 9 厘米之内，且不要设置横向的格挡障碍物。同楼梯相比，可能坡道的高度差没有那么大，但是从安全性的角度考虑，对其设置侧壁或扶手是很有必要的。当人们从坡道上经过，或是在上面休息时，都可以通过扶手栏杆来保证其安全，提高了人们对于高度中心的安全感。在

坡道上还应当设置一些安全挡台，其高度最好保持在 50 毫米左右，这样可以给坐轮椅或拄拐杖的人们带来安全。

4. 在步行街道的台阶或坡道处贴出防滑标示，加强防滑建设

要重视坡道的防滑建设，对于其防滑的设施处理，要从终点和起点开始。建设中要注意路面平整，防止眼疾人员由于视力问题而发生意外。在坡道的两端加强标示警语的设施配置，提醒人们放慢速度注意防滑，特别是在下雨天，还要增加红色安全字体防滑灯光提示。

5. 规范步行街道中的盲道建设

当前，盲道被任意占用的现象比比皆是，这导致了残障人员的出行变得很不方便，失去了安全的保障空间。所以，我们要加强盲道的重点规范设计工作，主要的盲道设计原则有三点；第一是为了保护存在视力问题的人，有一个较为安全的行走空间；第二是为了降低正常行人对其的干扰；第三是商场以及人群较多的地方，要适当地与其他道路拉开距离，而且需要从中间将其分割，采用绿化带或者绿化墙的形式，也可在其道路的外侧设立缘石，要保持其绿化带或绿化墙以及缘石与道路平行。如果缘石与道路不平齐，则会给乘坐轮椅的残障人士出行带来不便，对于视力存在问题的人，还要提供标示提醒。在实际生活中，由于靠近人行道的缘石倾斜角度较大，很容易使乘坐轮椅的人在通过时，不能控制其自身的速度，所以，在建设这样的倾斜缘石设计时，可以选择在人行道的中间修一个平台，在任意的一端建设一个斜坡，这样就能够很好地解决轮椅使用者在通过人行道时的安全问题。

（三）城市步行街道景观环境中的通用设计

对于城市步行街道景观系统的通用设计主要围绕着两个方面，即形态和尺度。设计其实就是人们的一种主观意识行为，要想实现这种主观意识行为，并将其转化成实质的东西，这中间就必定会有形态的存在。人们在设计产品时，大都是从美的角度出发，而形态则是人们对美苛求的一种外在表现形式，同样形态也是所有物质的最原始状态。对城市步行街道景观系统的形态设计主要是在合理使用资源以及低消耗人力、物力的基础上进行的。相对于形态的宽松，步行街道景观系统的尺度设计则较为严苛，在主要的设计问题中，尺度的研究内容和生活中一些行动不便的人，以及小孩之间存在着密切的关系，这

些都是需要在尺度设计中考虑的因素，在具体的城市步行街道景观系统设计中，主要从以下两个方面来对其进行设计分析。

1. 扶手的设计指导方法

扶手的设计主要针对的是残障人群。由于残障人士大多都不能很好地维持自身平衡，所以，扶手的建设对其很重要，采用合适的扶手形态，合理安装位置，可有效地避免摔倒现象发生。对于扶手的横截面，大都是圆形，其直径在 40 毫米左右，扶手应该设置双层，高度分别为 65 厘米和 85 厘米，之所以将扶手做成双层的，是因为考虑到残障人士和小孩。为了可以让残障人士在使用扶手时能够保持连贯性，可以将扶手的托件设计成 L 形。保证扶手的内侧和墙壁之间留有0.40 米左右的空间。这样可以方便人们抓扶手时，不会与墙壁产生摩擦。针对一些弱视人群我们还要加强城市步行街道景观设施的色彩和材质的研究。从提示性、装饰性、舒适性，以及防滑性上进行具体的分析研究，设计出适合多种人群的步行街道安全措施。

2. 底界面的设计指导方法

在步行街道景观系统的底界面设计上，我们主要针对室外坡道、盲道以及缘石坡道来进行具体的分析，看其该如何进行合理的设计。

（1）室外坡道设计。其主要的坡道形式需要我们根据不同的地势特点，结合实际情况开展设计，具体的设计形式包括"L"形、直线形、"U"形。由于坡道的用途较多，主要可以连接地面和高空，在其之间建立良好的通行道路。所以，目前许多城市的一些新建项目设施，都会应用到坡道建设，并在建成之后，得到了人们的一致好评。不过，需要注意的是坡道正式投入运行时，要在其两端悬挂标牌，警示人们再通过时，注意安全谨防滑倒或跌落。在现代的室外坡道中，我们比较常见的就是直线形坡道，因其使用较为便捷，不费时费力，所以得到了广泛的应用。

对于坡道的形式设计，我们需要结合实际环境情况考虑。根据当地地面的高度差距情况，以及场地建设的大小来进行全面的考虑。因为考虑到轮椅使用者通过坡道时容易出现重心失衡现象，所以，在设计坡道时应尽量避免弧形坡道以及圆形坡道的设计理念。

坡道的坡度可根据国际的统一标准，要小于或等于 1/12，其缓冲地带的深度要大于或等于 1.55 米。这样的坡度设计主要是为了让轮椅使用者和老年人能够在自主的情况下通过。在城市景观环境的坡道设计中，对于轮椅使用者来说能够接受的最大坡度值为 1/20，而如果是在有条件的地区，将坡度值调整在 1/16 是最为合适的。在坡道两端还要加设深度在 1.50 毫米以上的轮椅缓冲地带，其主要是为了增加轮椅使用者的上坡冲力，减小上坡时的阻力。如果有些地区的坡道坡度达不到 1/12 的设计标准，则可以相应地降低到 1/10 左右。对于坡道的宽度可结合当地人流量和坡道的距离，根据提供的参考值来具体的分析。如果坡道的人流量少且距离较短，坡道的宽度要大于 1.2 米，达到一个人体侧身宽度和一辆轮椅的宽度；如果坡道人流量大，且距离较长，坡道宽度要大于 1.5 米，保证两辆轮椅的通过，其实，在生活中一些人流量大的城市景观环境，坡道的表面宽度要大于 1.8 米，这样的设计在我国比较常见。

（2）盲道设计。对于盲道设计的基本类型主要有两种：圆点形的提示盲道和条形的行走盲道。在城市步行街道景观环境中，对于一些主要的干道都要相应地设置盲道，在天桥、人行地下道、公交站都要设计相应的圆点提示盲道，规定盲道建设，消除盲道上的障碍物。在人行道路的两侧设置行进盲道，同时在盲道的外侧设置花台或者缘石，保护眼疾患者的行走安全。圆点提示盲道主要功能除了能够提示眼盲患者外，还具备地域性的功能提示，例如城市的广场、公交车站、人行地下道，以及天桥等，每个地方的提示根据各自的环境都有所不同，让盲人可以很好地辨别障碍物。

对于盲道的宽度最好在 0.3—0.6 米，这要结合当地的道路实际宽度来定。行进盲道的每条条形提示要比砖面高出 5 毫米左右，要使人们走在上面有感觉。根据每个人的步行速度和脚步长度的不同，需要在盲道交叉点和缘石坡道边建设具有提示作用的盲道，避免其不慎跨过缘石边导致摔倒。对于直行的盲道宽度可在 5 厘米左右，在行进盲道的两端和拐弯的地方需要设计提示盲道，提示盲道的长度要大于行进盲道的宽度，大约在 0.45 米。

（3）缘石坡道设计。在底界面设计中，缘石坡道的设计也很重要，其基本的外观形式为单面和三面，相较而言，单面的缘石坡道实用性更强。在当前的城市步行街道景观环境建设中，为了使人们能够更加方便、安全地通过十字路口，通过立缘石将人行道和车道很好地隔开，并且在隔开的地方设置相应的缘石坡道。通过实践比较，使我们知道单面缘石的应用更为方便，其主要的形状为长方形和扇形。而对于三面缘石坡道其历史相对较久，其主要的应用范围在交叉路口的转弯处，以及在弧位顶端设置过街人行横道。单面坡道的宽度和人行道的宽度相同，三面坡道的宽度应大于或等于1.2米。对于扇形缘石坡道下端口的宽度应大于1.5米，对于道路转角处的单面缘石坡道口的上口宽度应大于1.8米，单面缘石的坡道坡度应小于或等于1.2米，三面缘石的坡道坡度应小于或等于1.5米。

通过城市步行街道景观环境中的通用设计研究分析，使我们知道想要建设和谐的城市景观环境，就必须在制定相应规范的基础上，加强城市景观设计的假设工作，结合实际生活，从特殊人群的角度出发，努力建设和谐统一的城市无障碍景观环境，为人们生活和出行提供更加良好的安全性以及便捷性的保障。

六　通用设计的发展趋势

通用设计是从无障碍设计发展而来的，无障碍设计概念的丰富使通用设计的提出具有了更现实、明确的指导意义。20世纪末，在纽约召开的第一届"通用设计"国际会议推动了通用设计在世界各地区的发展，这是一次具有现实指导意义的会议，与设计的本质相契合：为人的设计，让设计更好地服务于生活，而不是停滞在理论研究的层面上。而在此之后第二届"通用设计"国际会议和第三届"通用设计"国际会议上，主要就如何架构通用设计与现实生活的方式展开了热烈的思考和探讨。这种国际性的会议或论坛对通用设计观念推广与落实有很大的帮助，许多国家的学者与专家们可以借此交换彼此的想法与经验，企业也可以从这里找到未来发展契合的机遇，尚未推广通用设计的国家也可吸取他国的成功经验。

通用设计国际会议或论坛的召开对于通用设计理念的宣传及普及具有深远的意义，同时对企业来说，也将会带来新的机遇和挑战。从全球范围来看，通用设计的发展较为全面完善的国家和地区主要有：美国、英国和日本。它们对于通用设计的发展和不断完善，将引领未来通用设计在世界范围内的影响，通用设计全球化将成为未来社会发展的必然趋势，更是人性化社会的客观需要。概括起来，通用设计主要有以下几个发展方向：

（一）不特殊对待残疾人，提倡多种人群的平等性

在今后可预测的多种社会层面中，我们应当把残疾人作为多样性社会的成员之一，综合设计公共空间。在这里发出"重视理所应当的事"的口号，看上去消极的似乎没有发展性的这一口号的深处，实际上存在着"事物的本质沉眠在许多人共通的价值观中"的想法，为实现这一本质，首先必须探寻多种人群共通的价值观。在这个意义上通过追求通用设计，才能发现事物的本质。这也意味着从以前只追求新型的设计模式中迈出了新的一步。

（二）从多个层次、多个角度展开通用设计

迄今为止的通用设计几乎都是作为建筑或者景观设计的具体问题来处理的，缺乏从更多层次、更多角度审视人类。今后必须以更广阔的视野从设计规划到精神领域，更综合性地设计公共空间。

（三）从认知弱者发展而来的新设计样式

新的设计样式层出不穷，特别是从以盲人为对象决定物品、场所的形态和色彩的"视觉认知机能主义"发展而来的新设计样式。这里强调：给弱者带来方便的同时无意中也给一般人带来了舒适。从以上几个通用设计发展较为全面的国家中不难发现，通用设计在其国家、社会、生活中带来了深远的影响，已不仅仅停留在理论研究的基础上。通用设计的发展趋势主要表现在国家政府的重视下，颁布了一系列相关法律条文，切实保护了弱势群体的利益。在这个大的环境氛围里，一些自发的设计组织、民间团体、学术机构相互合作、积极引导，将通用设计顺利导入一些企业，以形成通用设计发展的良好环境，构建了通用设计良性发展的系统化结构。许多跨地区、国家的机构组织相互交流合作，以创建更有利于通用设计发展的平台。可以预见，在这些通用设计大国，未来通用设计的涉及幅面将更广泛，对于弱势群体的关怀将更细致，这对于整个社会的安定团结来说也是具有现实意义的。

随着我国城市的发展和社会文明的进步，对于城市街道设施的人

性化设计提出了更高的要求。而城市文明一个重要的指标就是老年人、残疾人等弱势群体在公共空间中可享有平等的权利。传统的无障碍设计只是单纯地解决弱势群体的生理使用需求问题，由于将他们与正常的健康人群区别对待，产生了不良的心理暗示，造成了另一种心理上的障碍。本书通过对通用设计理论的研究，为我们解决这一难题开辟了新的思路。重点将城市街道设施设计的研究对象由老年人、残疾人为代表的社会弱势群体扩大到了所有人群，将所有人都看作公共空间中有一定障碍的人来研究。虽说只是一种视角的改变，但它的研究意义是巨大的。一方面它满足了所有人在城市公共空间中的各种需求，另一方面弥补无障碍设计的不足，使弱势群体在生理和心理上都得到平等的对待，体现了"以人为本"的设计宗旨，展现了社会的人文关怀。通用设计研究并不是要完全取代公共空间中原有的无障碍专项设施，而是在无障碍设计理论研究的基础上，同时又与无障碍设施互为补充，将人性化设计理念的研究提升到了新的高度。可见城市街道设施设计的通用设计论的原则、方法及应用的研究，为解决老年人和残障人等社会弱势群体在城市公共空间活动问题上提供了一条重要的途径，具有广泛的应用前景，在我国未来城市发展和建设上具有重要的理论和实践指导意义。

第六节　基于城市文脉的街道设施设计研究

中国的城市建设正以史无前例的规模和速度向前发展，但很多城市的街道设施却盲目求新，无法融合到城市的整体文化中，导致旧有的城市肌理遭遇到前所未有的冲击，面临着被全面覆盖吞噬的危险，城市旅游形象严重趋同，丧失民族与地域文化特色。城市街道设施必须与城市文化相和谐，故应以城市文化为导向来进行城市街道设施的设计。

一　城市文化与城市旅游形象

文化是城市之魂，城市文化是城市精神、城市价值的体现。在人与环境、传统与现代相互作用下产生的千差万别的城市文化，塑造了一座座城市的个性化形象。未来城市之间的竞争，首先是城市文化的竞争。鲜明、独特的城市文化会大大提升城市的综合质量，创造良好的经济、社会效益。世界上凡是现代化、国际化水平高且辐射力强的城市，都有着独特的城市文化。上海良好的城市旅游形象，很大程度上源于上海在东西方文化交流的前沿产生的独特的海派文化。在经营城市的今天，城市文化就是城市的名片、城市的标志。

著名城市管理专家饶会林先生认为：城市旅游形象是城市历史文化积淀的客观反映，是以城市物质环境外貌为载体的各种信息的综合反应。良好和谐的城市旅游形象能提高城市品位，提升城市综合竞争力，促进城市的可持续发展。城市文化通过城市旅游形象传达给人们，人们则通过城市旅游形象认识城市文化。

二　城市街道设施与城市文化

城市街道设施通常是指候车亭、座椅、垃圾桶、路灯、各式商亭、公共厕所、公共布告牌、地图指引牌、城市信息牌、电话亭等为人们提供生活方便的固定设施，是在城市中使用最多、分布最广且与人群接触最为密切的街道设施。它以其独有的功能特点遍布城市的大街小巷。

城市文化的构建分三个层次：第一层为物质文化层，主要作用于人们的视觉系统，也叫视觉识别体系，体现在城市的街道设施、主要标志、基本建设项目上；第二层为行为文化层；第三层为观念文化层。作为城市文化构建的第一层次，城市街道设施直接体现着城市的形象，是城市形象最先被人感知的部分，是城市旅游形象的窗口。

城市街道设施作为广义的工业设计产品，同样必须符合这样的原则。城市街道设施与大众的日常生活关系密切，在实现其自身功能的基础上，应与建筑共同反映城市的特色与风采，传递城市的文化艺术信息。城市街道设施的设计应以城市文化为导向，并与城市文化相和谐，共同形成和谐统一的城市整体，从而对外呈现出有鲜明城市文化特色的城市旅游形象。

三　城市文化形象视角下街道设施设计

在表达产品的精神价值时，工业设计的表达方式在于以有形的"物质态"去反映和承载无形的"精神态"。由于城市街道设施的功能已经很明确，并相对固定，一般而言，可以通过设计的形式要素，如造型、色彩、材料等的变化，引发人们积极的情感体验和心理感受，也就是在设计中"以情动人"。

（一）造型要素

设计的本质和特性必须通过一定的造型而得以明确化、具体化、实体化。以往人们称设计为"造型设计"，虽然不很科学和规范，但多少说明了造型在设计中的重要性和引人注目之处。

在"产品语意学"中，造型成了重要的象征符号。中华文明源远流长，而植根于丰厚的传统文化土壤之中的中国古代造物观蕴含着丰富的象征符号，器物形态中积淀了社会的价值和内容。先民们造物的目的除了要实用外，还用美的规律，注入了丰富的情感和理想，将人的主观情感融于其中。

图 3 - 38　城市公共空间休闲座椅

我国著名的美学大师宗白华先生对此进行了精辟的论述："中国人的个人人格、社会组织以及日用器皿都希望在美的形式中作为形而上的宇宙秩序与宇宙生命的表征。"担负着特定功能的一厢一盖、一轮一辐也就在这种特定的情景下传达着无边的深意、无限的深情，而上升为"有意味的形式"。同样，在城市街道设施的造型设计中，应从当地特有的文化元素、历史遗迹和器物中发掘灵感，如积淀下来的绘画、雕塑、古迹、文物、文献、传说、音乐及民谣等都可纳入其中。在特定的地域中，历史的印迹隐含着当地人的深厚情感，苏州园林、北京四合院、上海胡同小巷、广州沿街雨廊，这些特有地域的公共空间融会着当地人的情感和人际脉络，具有人际、人性的聚合力。在城市街道设施设计中用现代的设计手法使用这些符号元素，可以唤起现代人对过去的探究、记忆与省思。

（二）色彩要素

在设计中，色彩必须借助和依附于造型才能存在，必须通过形状的体现才具有具体的意义。而色彩一经与具体的形相结合，便具有极强的感情意味和表现特征，具有强大的精神影响力。城市街道设施由于数量多、分布广，在色彩设计上应注意与整个城市环境的协调。

城市街道设施色彩应在城市主色色彩的大方向要求的基础上，结合周边已有的城市建筑以及自然环境的基调作相应调整。所谓城市色彩，是指城市公共空间中所有裸露物体外部被感知的色彩总和。许多欧洲城市都具有自己的特征色彩，如罗马的橙灰色体现出拉丁人固有的热情，巴黎的蔚蓝色蕴含着地中海气息。城市色彩是一种系统存在，完整的城市色彩规划设计，应对所有的城市色彩构成因素统一进行分析规划，确定主色系统和辅色系统，然后确定各种建筑物和其他物体的永久固有基准色，再确定城市广告和公交车辆等流动色，以及街道点缀物和窗台摆设物等的临时色。在城市街道设施的设计中还应该考虑其存在空间的城市色彩，使其与城市风格相吻合。

此外，城市街道设施的色彩往往与所属国家的地理环境、文化环境和民俗风情有关。有的城市现代气息十足，有的城市偏于保守，有的城市充满故事，有的城市文化悠久。不同的城市有着不同的风格，每一个城市都有它自己的面孔。这就需要设计师根据城市的不同，设计不同风格的城市街道设施，做到"天人合一"。

（三）材料要素

材料是产品造型设计的物质基础，用以构成产品造型。各种材料都有其自身的材料感觉特性。材料感觉特性又称材料质感，是人的感觉系统因生理刺激对材料作出的反应，或是人们通过感知觉系统由材料所反映的信息而得出的综合印象。材料的感觉特性包含两个基本属性：生理心理属性和物理属性。这里主要讲生理心理属性，即材料表面作用于人的触觉和视觉系统而产生的刺激性信息，如粗犷或细腻、温暖或寒冷、华丽或朴素、粗俗或典雅等基本感觉特征。每种材料的生理心理属性是不一样的。

图 3 - 39　城市公共空间休闲座椅

　　在自然与人造的尺度上，木材、陶瓷与皮毛属于较自然的，而玻璃、橡胶与金属属于人造的。在时髦与保守的尺度上，玻璃、陶瓷与金属是较时髦的，木材则被认为是较保守的。材料的不同，必然带来设计的不同，新的材料会产生新的设计和新的造型形式，从而给人们带来新的感受。在进行具体的材料设计时，应根据所要表达的感觉选择，搭配不同质感的材料。

　　总之，街道设施作为城市基础设施的一部分，在城市设计与建设中是必不可少的。如果能运用上述表达方式对城市街道设施进行系统的工业设计，使得城市街道设施设计与城市文化相和谐、相统一，则这些相对独立的城市街道设施将会形成一张独具匠心的网，将整个城市有机地连在一起，从而烘托出该城市的文化形象及风格特征，使整个城市显得错落有致，形象面貌得以提升。

第四章 城市旅游形象对 街道设施的影响

　　街道设施作为城市旅游形象的名片，在城市公共环境这个大舞台上扮演着非常重要的角色：它不仅是城市环境、街道空间和景观组织中不可缺少的元素，而且也是展现城市个性特色与文化内涵以及城市精神意识形态的重要组成部分。从塑造城市旅游形象的视角出发，审视城市街道设施对城市影响力、竞争力的作用可以看到，成功的城市街道设施设计可以创造出一个城市强烈的地域感和可认知感，培育城市知名度和影响力，可以培育新兴产业，成为拉动城市发展的一个重要增长点。

　　随着城市化建设和城市旅游产业的发展，人们开始从城市旅游形象的新视角来解决当前出现的趋同与同质问题，街道设施作为城市公共空间重要的构成要素必然会受到城市旅游形象战略的作用与影响。

第一节　城市旅游形象影响街道设施整体性

　　随着人类生活领域的扩大，生活水平的提高，城市化进程的加快，城市空间不断向外扩张。城市的设施系统越来越庞大，城市的管理也越来越复杂。城市街道设施的设计与安置涉及城建、交通、邮政、电信、环保等诸多部门，其结果造成了城市街道设施在某一系统内的形式统一和单调，城市街道设施的设计没有服从整体环境的规划，在秩序上呈现出散乱和不协调感。整体性的欠缺造成了城市旅游形象的不明确。要实现城市空间形象的层次性、有序性、合理性。城市街道设施应该与一种系统性的设计控制计划相协调，这意味着城市街道设施要与城市建筑、城市公共空间、城市道路、城市绿化、城市形态等所有的符号和元素、形象都有一种相呼应的交流方式，而再不是"各自为政"，形态各异、杂乱无章的状态出现于人们的户外生活当中。

城市街道设施的设置不仅要注重其使用功能，更应该在材料和造型上强调相互之间的统一，它要求城市街道设施的设计应从人类整个生活环境出发，通过系统的分析、处理，整体地把握人、环境、街道设施的关系，结合城市街道设施不同的使用功能，确定其在不同环境中的造型、色彩、材料和尺度，使城市街道设施系统中各组成要素整合在某种统一的设计思想之下，符合大众公共生活的需要，并与周围环境保持整体性，包括物质环境和人文环境，使城市街道设施构成人类户外生活质量最优化的组成部分之一。值得注意的是，城市街道设施与环境的协调绝不止于表面层次，更应追求一种精神和意味上的深层次的统一。

第二节　城市旅游形象影响街道设施人性化配置

城市旅游形象不仅仅是一种视觉满意度，而更应该满足旅游者和居住者的物质需要和精神需求。然而，大多数城市街道设施设计中，忽视了"以人为本"应作为塑造人性化城市空间环境的主体思想。一味地追求形式美观、材料独特、功能奇特，却忽视了使用城市街道设施的主体——人。这样造成的结果是城市街道设施大多成为一种摆设，使用率不高，造成资源上的浪费。有些城市街道缺乏必要的服务设施，如公共厕所、垃圾桶、座椅、无障碍设施等。城市街道设施普遍存在设置分布缺乏科学性、质量差、耐久性差、不易清洗等问题，影响了城市街道设施的使用。

人是城市公共空间的主体，城市公共空间的创造者和使用者，城市公共空间因为有人的聚集和活动才变得有意义。城市公共空间中的城市街道设施是为人服务的，因此城市街道设施设计要体现对人的关怀，要符合人体工程学和行为科学，关注人的生理需求和心理感受。这种以人为本的思想对城市街道设施的设计也具有十分重要的指导意义。城市街道设施布置的位置、方式、数量均应考虑人们的心理需求特点，要让所有人在使用时都感到方便、安全、舒适。此外，无障碍设计的存在与否，直接标志着一个城市的文明形象的好坏，体现了现代社会对生命的关注和尊重。因此，城市街道设施的设计还要考虑到残障人士、老年人、儿童等弱势群体的特殊要求，努力创造一个公平、平等的城市人文环境形象。

随着城市街道设施设计的不断深化，城市街道设施不再只满足单一的使用功能，而是同时将几种使用功能融于一体。复合功能的城市街道设施可以更加有效地发挥其综合效益，降低建设成本，节约资源和形成简洁、统一的城市视觉形象。

城市街道设施设计的人性化还要求城市街道设施在设计时就应采用先进合理的技术来满足其各种功能的要求，如合理地选择交通服务性设施保障城市干道上车流的通畅和行人的安全；合理地布置电话亭和公共厕所等生活服务性街道设施以创造舒适怡人的街道空间。另外，充分考虑城市街道设施在实现和使用过程中的可行性，合理布置街道设施，充分利用空间。电子时代的到来，各种高技派的建筑思潮和现代化、信息化在不断改变着我们的城市，影响着人们的生活方式。

随着科学技术的发展，各种高尖科技成果迅速地被运用于城市街道设施中，产生了具有多种功能和科技元素的城市街道设施。如数字信息亭、自动售票机、手机加油站等。除此之外，运用光电管及电脑技术的广告牌和自动人行道出现在了我国的城市当中，这一切都是为了更好地满足现代化的生活需求。

第三节　城市旅游形象影响街道设施地域风格形成

塑造城市旅游形象，关键是处理好国际化与民族化之间的关系。在国际化的背景下城市街道设施设计，只有努力探求民族和地域的个性化和风格化，从传统文脉中寻找个性，塑造具有特色的城市旅游形象，才能在与其他文化的交流中得到尊重。受"城市环境建设热"和"城市美化运动"的影响，城市街道设施的设计被 21 世纪兴起的现代主义设计思潮所统治，无论是盲目地抄袭还是随意地引进一些设计作品，现代主义设计都造成了这些城市街道设施在形式上趋于雷同、功能单一、造型简单、视觉效果差等。由于每个城市所处国家、地区和形成年代的不同，城市风貌应呈现出多样性，生活在其中的人总能感受到城市特有的风韵。城市街道设施的设计要与城市的风貌一脉相承，就要与地域文化相吻合，与城市公共空间中的建筑形式、色彩、空间尺度和人们的生活方式产生共鸣。因此进行城市街道设施设计时，必须尊重地域特点，利用好城市的自然条件。

尊重城市传统文化内涵，将文化性渗透到城市街道设施中，提升城市公共空间品质、提高城市文化内涵、延伸文脉和场所感、将历史感渗透到公共家具中，将使城市景观不丧失历史气韵，并继续弘扬发展历史。城市街道设施是城市文化的物化形态。东西方所处的文化、地域不同，所处的历史条件、民族审美心理、生活价值的差异，对城市街道设施的设计有着不同的影响。城市街道设施要尊重历史、继承和保护传统文化，将城市文脉融入当代城市生活，形成新的城市景观文化和城市风貌。基于城市旅游形象的城市街道设施设计，在审美、材料、加工、设计观念上应该注意对历史文脉的继承和发展。东方文化以中国文化为渊源，属于"求善"型文化。几千年来，中国文化基本上形成了以儒家文化为主体的思想观念和价值取向。其中，"天人合一"、"礼"的思想，对后来中国城市建设中街道设施和建筑小品的设计、布置都产生了深远的影响。

第四节　城市旅游形象影响
街道设施生态建设

要打造自然和谐的城市旅游形象，城市街道设施的设计既要遵循自然的法则，注重对生态和自然环境的保护，又要保持街道设施与自然环境的和谐统一。生态设计是指产品在原材料获取、生产、运销、使用和处置等生命周期中密切考虑到生态、人类健康和安全的产品设计原则和方法。产品生态设计又称绿色设计，为环境而设计、为生命周期而设计。生态设计以节约自然资源和保护生态环境为指导思想，着眼于人与自然的生态平衡关系，在设计过程的每一个决策中都充分考虑到环境效益，尽量减少对环境的破坏。

将生态原则运用到城市街道设施设计之中，它要求设计者从材料的选择、设施的结构、生产公益、设施的使用乃至废弃后的处理等全过程中，都必须考虑到节约自然资源和保护环境。例如，应该考虑选择对环境影响小的原材料，减少原材料的使用，优化加工制造技术，减少使用阶段的环境影响，优化产品使用寿命及产品的报废系统。

此外，城市街道设施设计还应考虑到当地气候条件等自然因素的影响，我国北方冬季严寒，夏季酷热，春季有沙尘，城市家具的设计要考虑适应这些气候特点，考虑到防晒、防尘、防冻等因素。造型、色彩和材料也要注意调剂漫长冬季中单调的色彩；我国南方湿热多雨，城市街道设施设计则要考虑防潮、防雨、防腐蚀等。因此，遵循产品设计原理，坚持生态设计的原则，这是城市环境形象对城市街道设施设计提出的具有十分重要的现实意义的要求。

第五节　城市旅游形象影响街道设施开放式管理

城市的政府承担着城市的公共管理职能，其行政效率直接关系着自身和整个城市的形象。要树立服务社会的廉洁、高效、统一的组织形象，整洁、完备的城市街道设施是展现这一形象的窗口。许多城市的街道设施缺乏维护和管理，破损和陈旧后得不到及时的维护和更换。因资金的缺乏与使用不当致使城市街道设施数量和品质未能跟上城市建设发展的步伐。还有些地方城市街道设施设计方案未能体现市民的参与和主人翁意识，没有广泛咨询，听取各方意见。设计部门一味地迎合城市管理者的口味，却忽略了群众的审美需求，从而造成许多设计品质低下。这就要求管理者要从政府关注与市民参与两方面入手，对城市街道设施实行开放性的设计程序，市场化的经营方式等多渠道的科学、规范的公共管理。

城市公共空间的形态具有多样性和复杂性，其形象的获得是人们主观感受的结果，城市公共空间能集中反映城市生活和市民文化品位。基于城市公共空间形象的街道设施在其优化过程中应贯彻有机整合、以人为本及凸显地方特色的基本理念。城市街道设施为城市公共空间赋予了全新的内涵，丰富和提高了城市街道景观环境的品质，提升了城市公共空间的良好形象。

第六节 城市旅游形象影响街道设施的表现形式

一 城市旅游形象对街道设施形态的影响

形态是指事物在一定条件下的表现形式。城市街道设施的形态是由其外形与内在结构显示出来的综合特性。城市街道设施的形态既是外在的表现，也是内在结构的表现形式。根据不同的城市旅游形象的定位，城市街道设施在城市公共空间中的视觉表现形态一般有以下几种形式：

（一）有机形态

城市街道设施的造型应运用平滑的曲线，体现出具有生命形态的特征，同时也顺应了平衡的自然法则，与自然环境形成和谐融洽对比关系。

（二）几何形态

几何形态是用抽象的几何形组合，既有质的方面（点、线、面、体），也有量的方面（大、小）。常给人一种理性的感觉。其构成有助于提高行人、车辆的便利性、与周围的现代建筑环境的协调性，用概念的语汇，产生自由而丰富的想象。

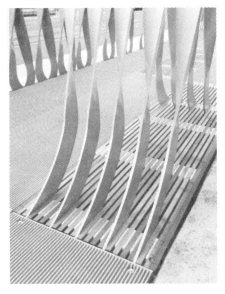

图 4 - 1　美国奥克兰鲍威尔街道设施形态

（三）功能形态

在现代主义的"形式追随功能"的影响下，城市街道设施的形态在设计时主要考虑功能的要求，满足人在使用时的状况，形态跟着功能走。同时，以科学客观的分析为基础，借此提高产品的效率和经济性。

（四）仿生形态

通过对自然界的一些形象的模仿和造型特征的借鉴，创造出来的一种新的城市街道设施形态可以更好地满足人的生活需求，同时也使城市空间更具趣味性。

（五）装饰形态

装饰形态主要关注符合人们习惯的观赏习性，追求城市街道设施的装饰和美化，同时对城市传统、文化或城市象征进行类比暗示和联想，使人可以在看似不起眼的事物上产生视觉需求上的共鸣，并从细节处来品味和解读一座城市。将城市街道中的配电箱、电信设备箱等市政设施采用不同风格的绘画进行装饰，使城市街道更具时尚气息，使整个城市更加充满生机和活力。

图 4 - 2　城市街道设施创意设计

图 4 - 3　城市街道配电柜装饰设计

（六）触感形态

触感形态指规避现代主义设计所持有的由直线和平面构成的单纯的几何学形态，而惯以曲面形态进行变化，变无机性为有机性，在形的某个部分体现人体的一部分或触摸的痕迹。这是近年来出现的一种将形态从"技术语言"转向"感性语言"的表现形式。

二　城市旅游形象对街道设施结构的影响

结构是指各个组成部分的搭配和排列，是决定产品功能实现的重要途径。城市街道设施的结构既是城市街道设施功能的承载者，又是形式的承担者。城市街道设施的结构受到材料工艺、工程、使用环境等诸多因素的制约。

（一）外部结构

城市街道设施的外观，以及与之相关的整体结构都属于城市街道设施的外部结构。外部结构主要是通过材料和形式来体现的，不同的外部结构会产生不同的城市街道设施形象和特点。独立式公厕外部结构造就了它造型美观、轻巧、便于搬运、可自由操作、易于清扫等特点。

图 4 - 4　日本独立公厕

（二）核心结构

所谓核心结构是指某项技术原理系统形成的具有核心功能的产品结构。电话亭中，通信系统技术具有很强的核心功能部件，它作为一个模块部件是被独立生产设计的，因此它是电话亭的核心结构。无障碍垂直通道中的升降机是使其功能实现的重要组成部分，因此它是该系统中的核心结构。

（三）系统结构

系统结构是指城市街道设施之间的有关系统结构，相互依存、相互作用产生的"物"与"物"的关系。如广告牌与候车亭的单元系统结构、坐具与花坛的单元系统结构组合等。

三 城市旅游形象对街道设施材料的影响

材料是城市街道设施设计中实现物体造型和表现色彩、质感效果的必要媒介。不同城市，依据其自然资源、气候条件、经济实力、地域文化、交通运输状况等各方面因素的影响，用来实现城市空间实体，塑造城市旅游形象的城市街道设施材料是不一样的。当今先进的材料生产和开发水平，保障了各种材料能够适应城市街道设施表现城市旅游形象，体现地域特色的需求。城市街道设施设计的材料品种繁多，功能、性质各异，从材料的属性来划分，当代城市街道设施设计经常使用的主要有：木材、石材、金属、塑料、玻璃、涂料等。各种材料的质感和特性都不一样，给人的视觉、触觉感受、联想感受和审美情趣也都有所区别，因此，也就产生了形态各异的城市街道设施形象。

（一）街道设施常用的材料种类

1. 木材

木材是城市街道设施设计使用较为广泛的材料。包括各种天然木板、美耐板、塑合板材、藤、竹子等。木材具有很强的可操作性，并具有易拆除、易拼装等特点。除了取材和加工方便外，木材本身还具有很强的自然气息，容易融入和软化环境，具有一定的符号特征。此外，木材的导热系数小，触感较暖，因此，很多城市用当地丰富的木材资源来做成座椅等城市街道设施，纹理别致、自然纯朴，又能给人以亲切舒适的感觉。

2. 石材

可以用于制造城市街道设施的石材包括石膏、混凝土、大理石、花岗岩、瓷砖、陶瓷、PVC砖等，石材不易腐蚀，耐久性好，在城市街道设施设计中使用最为广泛。不同的石材具有不同的表情，一般具有厚重、冷静的表情特征，通常可以起到烘托和陪衬其他材质的作用。石材的纹理极具自然美感，可以切割成各种形状，产生丰富多样的拼贴效果。石材直接取材于自然，因而同样具有自然的特征。花岗石质感坚硬、沉重，给人以厚重稳定的美感；大理石质感细腻、纹理自然、光泽柔润，因此可以用来表达不同的空间氛围。同时，质地坚硬的石材还具有维护保养方便的特点。

3. 金属

金属材料包括不锈钢、铝板、铝合金、铜合金、铁、铸铁、铸钢、合金钢、碳素钢、抛光金属、金属网等，金属具有优越的表现效果，具有冰冷、贵重的特质，可以根据需要做成各种造型，产生不同的视觉效果，提高设计品质。用金属铸造而成的城市街道设施给人以流畅、优雅、古典的美。而一些新的合金材料，既解决了防锈的问题，又轻便耐用，便于大规模的生产和安装，城市街道设施中大量地使用这些新型材料还具有展示其经济实力、现实科技发展水平的意义。

4. 塑料

塑料包括有机帆布、PVC 材料、尼龙、塑胶材料、树脂、橡胶、ABS 板、有机玻璃、玻璃钢等。塑料具有轻巧、色泽艳丽、不易碎裂、加工方便等特点，可以按照预先的设计，制作成各种糟心，这是其他材料无法比拟的。同时塑料还具有特有的人情味和很强的时代性，传达着工业文化的信息。

5. 玻璃

玻璃材料主要包括钢化玻璃和镜面玻璃等。玻璃具有透明，对光有较强的反射、折射性的特点。在具体的设计中，利用这一特殊质感进行设计，可以增加城市街道设施的艺术表现效果。柏林街头用玻璃制成的信息牌，既能满足人们信息查询的需要，又不阻挡人们行走的视线。除此之外，玻璃还是有硬度、锐利、清洁及易加工等特点，能够营造出轻盈、明快的视觉效果。梵蒂冈的玻璃电话亭同样采用了层压玻璃为主要材料，这种融合了现代科技的新型材料不仅满足了电话亭所需的声学要求，增加了使用者的安全感，并在视觉上对周围的环境影响很低。其优雅的造型，精致的设计和工艺有效地阻止了可能的故意破坏行为。

6. 涂料

涂料包括室外用丙烯酸乳胶漆、各色真石漆、膨胀型乳酸防火涂料等。现代城市街道设施设计中，正确、合理、艺术地选用材料是使用材料的关键。各种材料往往不是孤立地使用，而是相互补充、组合、搭配。在材料的组织和选用过程中，考虑到材料的协调性、秩序性、对比性、合理性，做到丰富多样、协调统一，满足实体的功能，符合空间环境的需要才能塑造和谐统一的城市旅游形象。

（二）城市街道设施用材的原则

1. 协调性

在设计中，材料的协调性具有一定的规律，但凡在色彩、质感、质地、光泽等任意一项具有相同之处，就可以进行组合运用，产生协调一致的效果。比如质地相同可以体现出材料的共同属性关系，质感相同可体现出感官上更为内在的关系。人的审美习惯有一个恒常性，人们已习惯的材料因其被长期使用，会在心理上得到一定的认可，从而会觉得其符合规律，具有协调性。所以在具体设计中，要求把握材料本身的特性和了解人的视觉审美习惯，才能充分把握材质的协调。

城市街道设施的材料要与周围环境相协调。一方面，要使材料性质与环境性格相一致。另一方面，要使材质与使用条件相一致。城市街道设施的材料还应考虑到当地气候条件等自然因素，我国北方冬季严寒，夏季酷热，春季有沙尘，城市街道设施的材料要考虑适应这些气候特点，考虑到防晒、防尘、防冻等因素。我国南方湿热多雨，城市街道设施设计则要考虑防潮、防雨、防锈等。

图4-5　仿生"水泡"亭设计

2. 秩序性

材质的秩序性就是用几种材料建立起一定的秩序关系，以满足视觉审美，如使几种材料按一定的方向、顺序或一定的比例进行排列，形成特定主题的表达。

图 4 - 6　美国奥克兰鲍威尔街人行道公共设施设计

3. 对比性

材质的对比性是要合理运用各种材料之间的质感、色彩、肌理等对比关系，使其搭配得当、对比明确，既和谐统一，又不失单调。如2000 年德国汉诺威世界博览会设计的 13 座公交候车亭外形相似，但是覆盖其上的材质却变化万千。有的是不锈钢丝网，有的是红砖，有的是鹅卵石，有的是松木，有的是玻璃，有的是花岗岩或混凝土等。各种材质产生了鲜明的对比，又与周围坏境以及整条线路上的公交候车亭互映，形成了统一关系，使整个设计从内到外都具有很高的设计品质。

4. 合理性

在材料表现方面，深入研究所在城市的地域文化的构成和特征，分析寻找与地域文化相适应的建筑材料表现手法的发展机制。确认其现实合理性，将其中最具活力的部分与现实生活及未来的发展相结合，而不是简单地理解和再现历史传统。将新材料、新技术以及新的设计思想等要素积极地注入城市街道设施文化系统之中，创造出具有地方场所感与认同感的新的现代城市街道设施，使城市的文脉形象得以延续。西湖边的电话亭使用了稳重的色彩和古朴的青砖，不仅与西湖的山上景致协调起来，而且表现出了江南水乡的独特韵味。

图4－7　德国汉诺威市的候车亭

图4－8　杭州西湖边的电话亭

四　城市旅游形象对街道设施工艺的影响

城市街道设施的艺术造型要通过先进合理的现代工业技术来实

现。同时先进的生产工艺又是城市街道设施具有时代感的重要标志。不同的工艺技术可产生不同的工艺美感，不同的工艺美感影响着城市街道设施的形象和性格特征。因此，采用不同的工艺技术，所获得的造型效果也不一样。比如，车削件有精细、严密、旋转纹理的特点；焊接型材由于棱角分明而有秀丽、硬朗之感；电镀面具有金属光泽质地；鉴金镀银使材料变得高贵华丽；涂料工艺可产生机理效果和不同色彩的表面；铁磨加工具有均匀、平滑、光洁致密的特点；铸塑工艺有圆润、饱满的特点；金属氧化、磷化处理可以使材料在保持金属感的基础上具有丰富色彩；喷砂处理的铝材有均匀的坑痕，表面呈现亚光细腻的肌理；板材成型有棱、有圆，具有曲直匀称、丰厚的特点等。

五　城市旅游形象对街道设施色彩的影响

色彩是城市视觉形象中的重要组成部分。城市的标准色（城市主色调）可以吸引社会大众的注意力，增强认知度。作为城市识别形象系统的重要部分，它被广泛应用于建筑、标志、字体、公共广告、展示、交通工具、城市街道设施等识别系统的基本色。人的视觉对城市街道设施的感知首先是色彩占主导，然后才慢慢感知到形和材质。因此，色彩是突出城市旅游形象的重要视觉感官要素。色彩对城市街道设施的造型起着美化作用，也是塑造城市旅游形象的主要手段之一，因此在城市街道设施的设计中，应注意城市街道设施色彩的辨认性、象征性、装饰性等特征。

（一）辨认性

色彩是通过光反射到人眼中而产生的视觉感，人眼可区别的色彩有数百万之多。色彩包括色相、明度、彩度三属性。赋予了不同的感知度。色彩的可辨认性，使色彩成为标志引导的首选要素，其主要体现在安全标志、空间向导、空间识别等方面。日本东京的地铁成功地运用了色彩管理系统，用不同色彩辨别不同的线路、方向，形成标识、道路、车辆、票据系统化的辨认体系。英国城市环境在色彩规划上，把建筑处理在一个整体统一的暖灰色调上，而把城市街道设施用高明度鲜艳的色彩处理，增加了城市街道设施的视觉辨认度、对比度，使整个城市在统一中寻求变化而充满活力。利用色彩的辨认性可以结合形态对城市街道设施的功能进行暗示。如对城市街道设施的某一部位用彩色加以强调，暗示功能。同时色彩还可以制约和诱导行为，如红色表示警示，绿色表示畅通，黄色表示提示灯。如表 4 - 1 所示，是色彩色相、明度、彩度不同时人的基本心理感应。

表 4 - 1　　　　　　　　　　人对色彩属性的感应

色的属性		人对色彩的基本感应
色相	暖色系	温暖、活力、喜悦、甜蜜、热情、积极、活泼、华美
	中性色系	温和、安静、平凡、可爱
	冷色系	寒冷、消极、沉着、深远、理智、休息、幽静、素净
明度	高明度	轻快、明朗、清爽、单薄、软弱、优美、女性化
	中明度	无个性、随和、附属性、保守
	低明度	厚重、阴暗、压抑、硬、迟钝、安定、个性、男性化
彩度	高彩度	鲜艳、刺激、新鲜、活泼、积极、热闹、有力量
	中彩度	日常的、中庸的、稳健、文雅
	低彩度	无刺激、陈旧、寂寞、老成、消极、有力量、朴素

(二) 象征性

就色彩的象征性而言，由于宗教、文化、政治、风俗等的不同，各民族对色彩的喜好有很大的差别，从色彩上除了能感受到时代的变迁以外，还能感受到独特的地域文化形象。不同地域的人对色彩的感知和理解是有差异的，不同地域、民族有不同色彩习惯和偏爱。罗马城市大多用橘黄色装饰城市，他们认为这种色彩使城市显得深远。英国的城市色彩大多是茶色的，日本则喜欢用灰色调。不同气候条件的国家，城市色彩也不同，热带国家的城市一般喜欢色彩较鲜明的冷色调，如天蓝、白色等光度较高的淡色调；而寒带气候的国家习惯于用黄、橙等庄重深沉的暖色调。不同宗教信仰的国家，城市色彩也不同。希腊人用色彩去加强大理石神庙的视觉效果，把碑像和装饰的山墙涂成浅蓝色或储石色，给城市添加幽深的感觉；我国古代建过都的城市，为尊崇天子，城市色彩以黄、红为主色调，因为古代以黄为尊。

图 4 - 9 日本长野县 Naraijuku 街道景观

因此，在我们的城市街道设施的色彩设计中应该注意研究不同民族在用色方面的特殊习俗和传统，并协调好与城市整体色彩的关系。例如芬兰的电话亭习惯采用与自然贴近的绿色，而伦敦的电话亭则偏爱与环境形成对比的红色。就中国而言，汉族喜欢红、黄、绿色。红色表示幸福和喜庆，多用于喜事；黄色具有神圣、权势、光明、伟大的含义，多为帝王所用；绿色象征繁荣和青春；黑白色多用于丧事。其他民族喜欢的色彩：蒙古族一般喜欢橘黄色、蓝色、绿色、紫红色；回族喜欢黑、白、蓝、红、绿等，白色用于丧事；藏族喜欢黑、红、橘黄、紫、深褐等色，以白色为贵；维吾尔族喜欢红、绿、粉红、玫瑰红、紫红、青、白色，忌讳黄色；苗族喜爱青、深蓝、墨绿、黑、褐等色，忌讳黄、白、朱红色；壮族喜爱天蓝色；满族喜爱黄、紫、红、蓝色，忌讳白色等。

（三）装饰性

色彩具有装饰性，不仅因为色彩本身具有美感，更重要的是色彩的搭配可以有对比、调和、节奏、韵律等特点，给人心理上产生不同的视觉效应。随着城市街道设施色彩化倾向的增加，一些以色彩和材质为重要元素的城市街道设施，同时也作为艺术品位装点和美化城市环境起到重要的作用。基于城市旅游形象的城市街道设施色彩设计，对同一领域的城市街道设施，色彩上要有共性，超出城市主色调的基色范围处理颜色时，要考虑到产品的造型感觉，对周围环境的影响，以及给人的心理感受。

图 4 - 10　立体彩绘图案楼梯

六　城市旅游形象对街道设施尺度的影响

城市街道设施的尺度关系，不仅体现了设施产品本身的功能和形态关系，还可以塑造环境和空间的节奏和韵律。城市街道设施本身的造型尺度不仅要与功能、形态相适应，要符合审美的需求，还要考虑到与人体比例和空间位置产生的相互关系的人体尺度，满足人的使用需求，与周围其他有关联的环境要素的关系的空间尺度，如座椅、靠背、坐面和扶手的尺度关系，座椅在空间中的位置和人的使用尺度关系。

（一）透视视觉或角度

城市街道设施存在于环境中，在视觉上有远眺、近观和细察的区别。从不同角度对城市街道设施进行观赏，视觉效果各异。因此对城市街道设施的视觉尺度分析：包括水平视野分析、垂直视野分析、视野协调分析。

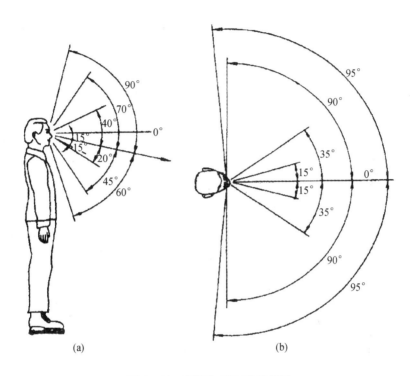

图 4-11 平视与垂直辨认视界

1. 水平视野分析

水平视野分析是研究城市街道设施的横向宽度及空间的纵深距离。根据科学测定水平方向视区的中心视角10度以内是最佳视区，人眼的识别力最强；人眼在中心视角为20度范围内是瞬息视区，可在极短的时间内识别物体形象；人眼在中心视角为30度范围内是有效视区，需集中精力才能识别物像；人眼在中心视角为120度范围内为最大视区，对处于此视区边缘的物像，需要投入相当的注意力才能识别清晰。人若将其头部转动，最大视区范围可扩展到220度左右。

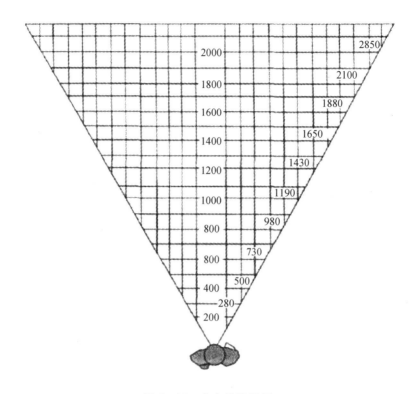

图 4 – 12　左右辨认视界

2. 垂直视野分析

垂直视野分析是研究城市街道设施的高度及总体平面配置的进深度。根据科学测定垂直方向视区中人眼的最佳视区在视平线以下约 10 度，视平线以上 10 度至视平线以下 30 度范围为良好视区，视平线以上 60 度至视平线以下 70 度范围为最大视区，最优视区与水平方向相似。

3. 视野协调分析

除了进行水平与垂直视野分析外，还要进行视野整体协调分析，用以调整城市街道设施之间的体积、形态、色彩以及与周围建筑或环境的关系。特别是相互遮挡和屏蔽关系，便于构筑主次及中心。

（二）人体尺度

人在生活中的行为是多样的，不同的行为产生不同的姿态，人体活动所依据的空间尺度是确定城市街道设施尺度的主要依据。所以在

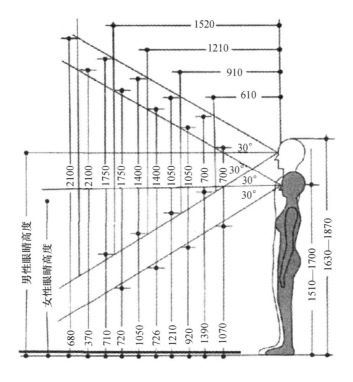

图 4 - 13　上下辨认视界

城市街道设施设计中应考虑男女老少不同的生理条件和姿态特征，采用适应大多数的人体尺度标准，并留有一定空间余地。以人为本的城市空间还要求在设计过程中考虑儿童、老年人和残障人士等弱势群体的行为姿态尺度和特殊要求或进行专案设计。

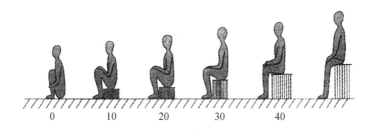

图 4 - 14　座位高度与坐姿

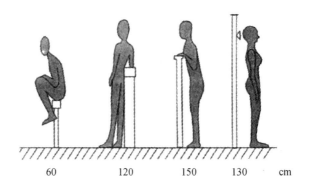

60   120   150   130   cm

图 4 – 15 竖向依托

（三）光照条件

光是作为景观设计中不可缺少的要素，影响城市街道设施的造型、色彩，刺激人的视觉感官。由于光照本身具有透射、反射、折射、散射等特性，同时具有方向感，所以在特定的空间能呈现多种多样的照明效果，如强与弱、明与暗、单调与层次丰富等。对光的深入认识有利于营造城市空间，充实景观环境氛围。

光依据光源不同可分为自然光和人造光两类自然光的表现受城市街道设施的高度、体量、表面凹凸位置、材料、色彩等综合因素的影响。不同方向、不同时间、不同地点的自然光照条件是不同的，产生的光照效果和心理感应也不一样。这就要求城市街道设施的设计要充分结合当地的光环境。避免造成视觉不适的眩光，利用透光和散射光改善光环境，创造生动的景观，使城市街道设施的造型更为丰富。

表 4 – 2   **路灯的照明尺度**

灯具	安装高度	灯具间距	道路宽度
非截光型	H > 1.2 倍 W	D > 4 倍 H	W
半截光型	H > 1.2 倍 W	D > 3.5 倍 H	W
截光型	H ≥ W	D > 3 倍 H	W

人造光是自然光的伴侣。人造光有着极大的选择天地，具有实用照明功能和观赏性功能，为突出环境特征和营造气氛扮演着重要的角

色。灯光的色温、照度、色彩、造型以及灯光环境的组织等，都影响
着人对空间的感受。灯光保障人们在公共场所夜间生活的安全，同时
又是塑造城市夜间形象的重要部分。

图 4 – 16 夜间景观照明

第五章　街道设施对城市旅游形象塑造的影响

　　城市街道设施设计作为一门公共艺术设计，它对塑造一个城市的形象特征、历史文脉乃至精神灵性等具有重要作用，它是社会发展的需要，并成为衡量地区或城市发展程度的一个不可或缺的参照系。适宜的城市街道设施形象对于营造良好的城市文化氛围和塑造富有特色的城市旅游形象具有极大的促进作用。因此在城市街道设施设计中尊重自然、尊重历史、突出特色，有利于城市整体形象的塑造，营造具有特色的环境艺术。把城市街道设施设计与城市旅游形象紧密结合，意味着实现城市规划与艺术设计的融合，也是未来城市建设与发展的必然趋势。因此，认识城市街道设施设计与城市旅游形象相关性，从而以更加整体的眼光和视角进行城市旅游形象设计和空间环境美化设计，是一个对我国的城市旅游形象认知与推广具有十分重要的现实意义的课题。

　　随着中国经济迅猛发展，城市旅游、城市建设、城区改造如火如荼地开展，但许多城市对街道设施的重要性认识十分模糊和肤浅。人们总是围绕标志性建筑、摩天大楼、大规模场馆、广场动脑筋，而候车亭、垃圾桶、休息座椅等城市必不可少的街道设施却经常被人们从视线中略去。城市街道设施确实是细节，但是城市街道设施作为城市的"道具"和环境的构成因素，越来越发挥着当代城市的视觉"窗口"作用，发挥着增加城市文化认同感和归属感的作用。它不仅在提升城市的环境质量和景观水平上有着非同寻常的意义，而且城市街道设施的发展还体现着生活在这个城市的人们精神状态文化修养、道德素质，也为来到这个城市的旅游者留下深刻的印象。

第一节　街道设施对城市空间形象的塑造

城市空间形象又叫城市布局形象，它是指城市的各种硬件设施及其功能在空间上的布置方式，即排列组合形式给人的印象和感受。历史表明，许多有魅力的城市，不仅因为它们拥有许多优美的建筑，还因为它们拥有许多吸引人的外部空间。刘易斯·芒福德（Lewis Mumford，1895—1990）说过："城市是一个容器，任何一个容器的真正的价值不在容器的器物本身，而在于容器所形成的空间。"芦原义信认为："外部空间是由人创造的有目的的外部环境，是比自然更有意义的空间。"城市街道设施属于城市的静态景观，它对城市空间环境的实现具有重大的意义。城市街道设施在城市空间中承担着休憩、信息引导、美化环境和服务的功能，在满足人们使用需要的同时，又很容易和人发生互动。城市街道设施的存在，为外部空间赋予了积极的内容和意义，丰富和提高了城市景观的品质，改善了人们的生活质量，使潜在的环境变成了有效的环境景观，具有重要的意义。

一　街道设施作为界定空间的媒介

城市街道设施通过自身的造型在城市空间构成中发挥作用。在一个空旷的草坪上设立一座秋千，就成了一处儿童娱乐休闲的场所。如果用栅栏保护起来，就是一块供人们观赏的绿地。城市空间中有了城市街道设施的存在，就形成了有意义的空间，它的形象也成为人们关注的焦点。城市街道设施作为城市空间的一种物质表现，除了人们看得见的外观形式：点、线、面、体、色彩、质感等，还存在着需经人感知的虚拟造型要素，如焦点、轴线、界面、体量以及城市肌理和时间等。这些造型要素只有通过某种具体的方式才能组合成整体或系列。当城市街道设施的单元与数量、体量、间距、尺度、位置等按照人的需要在城市的某一场所空间出现时，城市空间的文化和精神才得以体现。

图5-1　荷兰阿姆斯特丹市荷比卢街道景观

二　街道设施组织和划分空间作用

　　凯文·林奇把城市意象要素归结为道路、边界、区域、节点、标志五个方面，为城市空间的基本形态的分类提供了指导依据，同时也为城市街道设施在城市空间的设置提供了基本依据。城市街道设施是城市空间景观的构成部分。在城市的广场上，当铺地、喷泉、座椅、花坛等各就各位时，各种功能的局部空间便泾渭分明地呈现在我们面前。对重复出现的城市街道设施的数量、规模、空间形态、高度进行相应的控制，不仅可以为其所在区域提供相应的服务和反映区域特色，而且可以突出重点地段的地位，自然而清晰地反映出城市公共空间中各区域的层次、地位和标志。比如领域性大门或牌楼、界碑、护柱等，它并不阻拦人车的通行，除其地标的引导作用以外，还起到划分城市区域空间，突出城市重点区域的作用。地面的特殊铺装通过色彩、材料肌理和地坪高度的变化可以将不同的活动区域划分开来，横跨道路的街桥和交通标示牌也有划分道路空间的作用。

三　通过街道设施来感知和体验城市空间

　　凯文·林奇指出："一个高度可意象的城市应该看起来适宜、独特而不寻常，应该能够吸引视觉和听觉的注意和参与。"城市街道设

图 5 - 2　新加坡街道景观

施作为城市生活的道具，可以给予人们更互动、更独特的体验，以获取充分的人性化体验价值和空间感受。在人使用城市街道设施的过程中，能够主动地参与互动，与人和城市街道设施之间的情感交流，使人对城市空间的体验和认知，完成了从物境到情境，再到意境的三个情感体验阶段。雕刻在城市街道设施上的城市地图，除了为人们提供具体的地理信息，也成为人们从情感上来体验城市的主要来源。带有棋盘的桌椅为人们提供了除休息、交谈以外的其他体验和交流活动的可能。街道边的空间装置也给人们带来趣味性的体验生活。

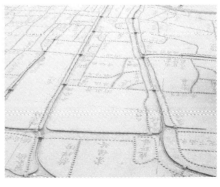

图 5 - 3　刻在地面上的城市地图

四 城市街道设施可以完善城市空间的功能

道路作为城市动脉的道路依其性质、功能和所在区域的环境，可以分为城市干道、商业街道、区域干道、组团道路、胡同、巷道以及沿水通道和散步道路等类型。人们的户外活动通过道路而展开和扩大，因此道路景观成为城市景观的重要组成部分，而城市街道设施又在道路景观中发挥着必不可少的作用。无论是道路本体、道路附属物、道路占用物、沿道设施，还是竖向交通和服务设施，它们在完成自身职责外，还对人在空间内的行为进行规范和引导，从而使城市公共空间中人的生活变得生动、丰富、秩序井然。

（1）引导：城市街道设施通过自身的形态、形象或空间符号引导和指引行人和车辆按指定的路线和方向前进。此外，城市街道设施还可以借助与道路、地标和区域边缘相关的空间指示特征，如绿篱、花坛、水景、统一的色彩、高度、位置、造型突出处理的城市街道设施等，并与城市景观有机地结合起来，使城市街道设施的引导功能得以实现。

（2）隔离：借助墙垣、沟壑、交通围栏等对行人和车辆的运行加以积极的规限。根据阻拦设施的材料、高度、连续程度和穿行比率，可将隔离功能分为三个层次：

①硬性隔离：通常使用硬性材料（水泥、砖石、金属等）制作，有抵御粗暴使用的能力；此外有相当高度和宽度的某些设施也属于硬性隔离，它能使人在正常的情况下无法穿行或穿越，比如实墙、围栏、排水沟（1.5米宽，1米深以上）、挡土墙等。栏杆、围墙等硬性隔离不仅可以保障人们身心和财产安全，一些护栏也成为表达城市旅游形象，突出地域特色的重要城市街道设施。船锚造型的护栏反映出海港城市的形象特征。自行车造型的栏杆在体现自行车专用车道的性质与用途的同时，还给人们带来美的感受。

②半硬性隔离：用硬性材料或软质材料（树木、绳索、布幔等）制成，人可以穿行或跨越。这种隔离设施强制性较弱，主要起规限的作用，如绿篱、墙垣、护柱、排水沟（1.5米宽，1米深以内）等。

③劝阻、警告：设施本身不妨碍人和车辆的穿行，但通过地坪材质、高度地变化使人和车辆的运行发生困难，或通过图案或专用色

彩、文字告示等阻止人车的逾越。例如凹凸不平的路面铺装、画线的地面、警告和劝阻标志等。

（3）掩蔽：通过布置城市街道设施的手段，可以对道路景观或场所空间的某一部分进行遮蔽和掩护。

①在公共活动空间和喧嚣的场所中获取相对安静且具有私密性的环境。采用绿篱、段壁等局部处理方法，可以减少或避免过往人流及嘈杂声音的干扰。通过围蔽的下沉式庭院（广场）也可以得到闹中取静的有限环境。

②改善场地小气候。除了建筑和绿化处理，借助某些掩蔽设施（墙、段壁、回廊等），可以达到夏天通风遮阳降温、冬季挡风纳阳保温的目的，以提高场地环境的舒适度。

③设置绿化带和某些城市街道设施（如广告牌、候车廊）进行局部遮挡和在特殊地段（如居民区、医院、学校等）设置声障（防音壁）等，可以减弱过境交通对周围环境的干扰。

④在景观设计中可以适当地使用城市街道设施遮挡某些缺憾或需要暂时保留的某些景象，以增加环境的整洁感和空间的层次。比如，对城市环境中的某些施工现场做遮挡处理；公厕、垃圾站在让人易于发现的同时也要适当遮挡；对某些难以补救的破坏现场和不雅景象，则采用硬性的掩蔽手段；在观光的场所采用某些有创意的遮挡，有时会对城市旅游形象的塑造起到虚实并举、小中见大和峰回路转的功效。

第二节　城市街道设施对城市建筑形象的塑造

城市是在一定空间上布置的具有不同功能的、不同造型的、不同风格的各类建筑物的集合体。因此，建筑形象是城市旅游形象的根本内容和载体。城市街道设施作为建筑装饰以及与建筑配套的环境设施对建筑形象的塑造尤为重要。如雕塑、建筑小品、石桌、木凳、栅栏、灯饰、指示牌等街道景观要素设计的好坏，直接关系到城市机体的健康。

城市街道设施与建筑的环境结构关系有几种表现形式，如图5－4所示。

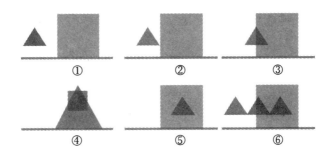

图5－4　城市街道设施与建筑结构关系

（1）单体：某些城市街道设施（如花坛、台阶、灯柱、电话亭、喷泉等）与建筑脱开，在建筑以外的环境中以相对独立的形式表现出来，与建筑以外的区域环境形成一种中性的关系。如电话亭设计与建筑之间保持着相对的独立性，但又与当地的建筑形象产生呼应，展现了城市的建筑风貌和特征。

（2）附体：某些城市街道设施（如栏杆、台基、围墙、通廊、灯柱等）与建筑合为一体，成为建筑的附属设施，体现了建筑主体的观念。有些城市街道设施，如壁灯、时钟等起源于早期的建筑单体设计中，它们在满足了人们的实际使用功能的同时，也被认为是建筑外观的纯粹装饰物和附加品，装饰了建筑外观。

（3）整体：建筑所在的区域中的城市街道设施经过统一和系统处理，对建筑性质予以诠释，对建筑的环境意象予以突出，对整体功能予以安排，使建筑与城市街道设施合于一体，相辅相成，表达出严谨而完整的整体环境意象。城市街道设施作用得以提升，使建筑更具宜人、简洁和内涵丰富的特征，建筑的实际功能也更加完善。

（4）合体：赋予建筑和某些城市街道设施以统一的造型特征，强调其在城市空间中的特殊作用和象征意义。如桥形、门形、波浪形、雕塑式建筑和城市街道设施以及布满屋顶的绿化都反映出人类追求永恒、亲和自然的要求。

（5）纳入：将某些城市街道设施引入室内空间，使室内空间复杂化、多义化、室外化。较常见的是把室外的某些建筑小品，如路灯、座椅、喷泉、园林小品等引入室内空间中。在建筑结构和室内空间处理中大胆运用某些大型城市街道设施，如果将充满生机的室外喷泉和造型粗犷的座椅有秩序地纳入大的建筑室内，可使室内空间更具有城市广场气氛。

（6）移出：与纳入的设计思想相反，将室内家具移出到室外空间中。此类城市街道设施具有更多的室内家具的特征，但它们存在于户外空间当中，为室外的公共人群服务。

由此可见，城市街道设施在对城市建筑形象的塑造中发挥重大的作用。其主要表现在以下几个方面：

（1）城市街道设施设计中对普通建筑材料的使用，建筑细部及装饰的复制以及采用持续的、更为适宜的人机尺度，与建筑结构与形式相呼应，有利于建筑与环境形成紧密而统一的关系。

（2）城市街道设施可以缓和主要城市设计元素、街道与广场、公共空间与私密空间、道路与建筑，以及地面与墙面之间的转化和过渡。

（3）城市街道设施可以使建筑的重点部分突出表现，用这种方式来强化建筑特征，可以赋予建筑丰富的象征意义，提升建筑物质的、社会的和精神的品质，增强城市的可识别性。

（4）城市街道设施的多样性不仅丰富了建筑的装饰主题，同时也丰富和完善了建筑的实际功能。

第三节　街道设施对城市自然环境形象的塑造

自然形象是城市最富有生命力和美感的形象。多数城市是在自然环境中"加工"而成的，因此城市街道设施的设计要依附于大自然的本性，要利用大自然所赋予的优厚条件，把自然环境融入人工环境中

去。中国自古就有"天人合一"的历史文化传统，人造自然环境要与
大自然相互呼应，城市街道设施的体量、色彩、材料、造型、形式都
应该精心控制、协调与自然环境的关系。好的城市街道设施与自然地
形、地貌、气候等一系列自然条件有着良好的共生关系。正如建筑大
师弗兰克·劳埃德·赖特（Frank Lloyd Wright，1869—1959）所提出
的那样，应该是从自然中有机地生长出来，而并非强加于自然，甚至
破坏自然形态与面貌的。

图 5 - 5　地域自然特色垃圾桶

（1）在城市街道设施选材中，许多城市应结合当地的资源优势，
利用当地的丰富自然资源（如石材、木材、竹子等）制成的城市街道
设施，取材方便而又经济，其质感又与周围环境息息相关，返璞归
真、充满情趣。

（2）在城市街道设施的设计中，将当地的地理条件等自然因素与
城市街道设施的形式、结构相结合，可以使城市街道设施顺应自然，
增强人与自然的亲和力。

（3）城市街道设施在城市自然空间中的布局，应考虑到视觉的共
融性。许多城市是依山而建，近水而居的，城市属于从属地位。那里
的城市空间和建筑布局都以自然为主体，把人工环境融合在自然环境
之中，人们随时都可以感受到大自然的和谐之美。

（4）城市街道设施在形态上（如体量、色彩、材料、造型、形式等）与大自然相互呼应，可以协调人造空间与周围自然环境的关系。

第四节　街道设施对城市行为形象的塑造

城市组织行为和个人行为的总和构成了城市的行为形象。下面将主要探讨街道设施对城市公共空间中人的行为支持。城市的行为形象是城市生活形态与城市精神的产物。城市精神决定城市行为，并通过城市行为来反映和证实。城市的生活是光怪陆离、丰富多彩的。其中，户外生活是非常重要的一个篇章。在户外生活的实现过程中，城市街道设施发挥了非常重要的作用，即提供最基本的物质平台。城市街道设施与户外生活的关系是相辅相成、互相促进的。一方面，人们的户外活动会影响甚至指导城市街道设施的设计。另一方面，城市街道设施的实现也会使得人们的户外活动更加活跃。

城市街道设施对城市公共空间中人的心理需求的满足以及对人的行为活动的支持是完善和塑造城市行为形象的必要条件。从历史上看，人文主义精神就是倡导以人为本，倡导人性论和人道主义。人文精神的本质对于今天的城市人文环境形象依然有其参考价值。当代的人文精神就是处处体现以人为本，在实际中正确处理许多矛盾关系。将以人为本体现在城市建设中来就是大力倡导人性化设计。无论是室内空间设计还是城市街道设施设计，都以人的行为与活动为中心，把人的因素放在第一位，满足人的各方面需求。美国心理学家马斯洛把人的需求归结为六个层次，由低到高依次为生理需求、安全需求、社交需求、尊重需求、学习与美的需求和自我实现需求。每个人都具有这六种基本需要，不同的人的需求层次会因为客观和主观的条件影响而高低顺序可能有所不同。马斯洛的需求层次理论，在一定程度上反映了人类行为和心理活动的共同规律。

一　街道设施对城市空间中人的心理需求的满足

（一）基本生活的需求

基本生活需求是人类维持自身生存的最基本要求，包括食、衣、住、行等方面的要求。生理需求是推动人们行动的最强大动力。这就要求设计者从使用者的最原始、最淳朴的生理角度出发，做出合理的安排。置身于这样的空间中，累时路边有可供休息的座椅，口渴时公园有供人直接饮水的装置，功能各异的城市街道设施满足着大多数人的基本生活需要。不仅如此，城市街道设施中为残障人士所做的无障碍设计，如在步行道上专门铺设盲道以及提供残疾人使用的专用电话亭等，都为城市中的弱势人群的生活和行动提供了方便。或许这些专用设施的使用频率并不高，但它们的存在，却标志这一座城市文明程度的高低，体现着现代社会对生命的关怀与尊重。此外，进入汽车时代以后，快速交通扰乱了居民的生活活动，同时，城市中的各种居民活动又阻碍了车辆通行，造成了交通堵塞和混乱的局面。

图5-6 哈尔滨欧式过街天桥

城市街道设施除了优化户外空间条件，还可以分离一部分短距离的出行交通，缓解城市交通压力。足够的绿地和功能布局合理的座椅小品、宽阔舒适的人行活动空间、人性化的交通设施、良好的候车环境，这些完备的城市街道设施系统，是人们放弃开车出行，尽可能地使用公共交通工具，唤起人们的环保意识，培养人们绿色交通出行方式的有效途径。

（二）领域性的需求

在个人化的空间环境中，人需要能够占有和控制一定的空间领域。心理学家认为，领域不仅提供相对的安全感与便于沟通的信息，还表明了占有者的身份与对所占领域的权利象征。四通八达的空间往往只能作为交通要道或过渡空间，人们不可能在其中滞留，因为他们的个人空间总是被人们以视线、声音或路线所干扰。凹型空间可以暂时保持一定的私密性，使人们乐于停留，感到安全与自在。城市街道设施设计中对个人空间的尊重，可以使人获得稳定感和安全感。公用电话亭的设计就是一个很好的例子。电话亭的围和形式既可以把周围嘈杂的环境隔离起来，又可以形成很好的私密空间。又如居民小区里常见的花坛和围栏既起到与外部空间的分割作用，对于小区居民来说又起到暗示安全感的作用，通过艺术的屏障实现了各自区域的空间限制，从而使人获得了相关的领域性。

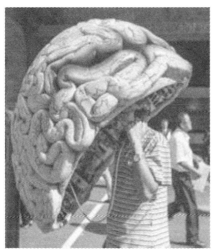

图 5 - 7　巴西圣保罗街道创意电话亭

（三）交往的需求

在现代社会，交往不仅是社会生活的需求，也是精神上的需求。交往是相互了解的基础，通过交往，促进人们思想交流，增进人们之间的友谊和感情，表达了人们追求睦邻友好、向往社会交往的强烈愿望。城市中的交往活动受到许多条件的影响，物质环境是其中的一个重要因素，它在不同程度上，以不同方式影响这些活动。城市公共空间中的交往活动可以划分为三种类型：必要性活动、自发性活动和社会性活动。

图5-8　法国巴黎沙丘魔方街道设施

　　必要性活动就是人们在不同程度上都要参与的活动。如上学、上班、购物、等车、收发信件等，这类活动与外部环境关系不大，参与者没有选择的余地。

　　自发性活动只有在人们有参与的意愿，并且在时间、地点可能的情况下才会发生。如散步、晒太阳、驻足观望等。这些活动特别依赖于外部的物质条件，只有在外部条件适宜，天气和场所俱佳时才会发生。但户外空间质量不理想时，就只能发生必要性活动，当户外空间质量提高时，人们的必要性活动就有延长时间的趋势；同时，由于场地和设施、环境布局宜于人们驻足、小憩、玩耍等，大量的各种自发性活动会随之发生。因此，在质量低劣的街道和城市空间，只有零星的极少数活动发生，人们匆匆赶路回家。在良好的环境中，情况就截然不同，丰富多彩的人间话剧都在此上演。

　　社会性活动指的是在公共空间中有赖于他人参与的各种活动，包括儿童游戏、互相打招呼、交谈等。人们在同一空间中徜徉、流连，就自然会引发各种社会性活动。这就意味着只要改善公共空间中必要性活动和自发性活动的条件，就会间接地促成社会性活动。由此可见，城市街道设施设计质量的好坏对城市公共空间中人的交往活动有着巨大的影响，以人为本的城市街道设施对城市行为形象的塑造有着极大的推动作用。

（四）认同感和归属感的需求

在现代社会里，城市街道设施仅仅局限于经济实用功能还是不够的，它还必须是美的、动人的、令人愉悦的，必须满足人的审美需求以及人们对美好事物追求的心理需求。在空间设计中，可以利用城市街道设施的各种形象，营造出适合不同场所的环境或者氛围，让人置身其中，感觉怡然自得，心情舒畅。其实这就是一种在无意识的被动审美的情况下，人和周围环境的交融，人充分被空间环境所尊重、被城市所尊重。一座城市如果让市民或者旅游者感受到这种尊重，他们会更加爱戴这座城市，从而增强城市的荣誉感，为他们的城市骄傲，为他们的家园增光添彩。相反，一座城市如果使得市民的生活闭塞以及不便，那么市民的公德心就会更加缺乏。大街上随地吐痰，乱扔垃圾的人多了，那么城市环境搞得再好，街道设施再多也无法持久。只有提高质量的公共空间才会吸引市民更多地关注城市、关心他人，增加城市公共空间中人们见面的机会，为市民间的相互交流创造条件，使人置身于众生之中，耳闻目睹人间万象，自觉地去维护和遵守社会公德。只有这样，物质文明和精神文明才能和谐地发展。

（五）自我实现的需求

这是最高层次的需要，它是指实现个人理想、抱负，发挥个人能力到最大限度，达到自我实现境界的人，可以完成与自己的能力相称的一切事情的需要。

城市街道设施设计不仅仅是为了满足审美的需求，造成视觉上的刺激，每个使用者在与环境接触的过程中，都与城市街道设施或其他使用者发生了联系，只有当城市街道设施设计能激发使用者的好奇心，促使其主动地参与其中时，它所营造的空间氛围才具有真正最广泛意义上的设计内涵。如借助于户外媒体形式（路牌、灯箱、橱窗、招贴、公交车站等）而存在的、设置在建筑立面或顶部、街道两旁、

图5-9 社会主义核心价值观街道宣传墙

闹市、商场、车站等公共场所关于"节约能源、节约用水、义务献血、依法纳税、希望工程、吸烟有害健康"等公益广告，能够给予社会以真善美的价值导向，对公民个人行为举止予以正确的引导和教育，使其树立正确的人生观、道德观、价值观，从而促进城市行为形象的健康发展。这些都是人们在实现了基本需求、审美需求后，自发地参与到景观的使用和改造中去，实现更高的追求，完成最终的心理需求。

二 城市公共空间中人的行为分析

空间，如果不与人的行为发生关系，便不具备任何的现实意义，因为它只是一种功能的载体；人的行为，如果没有空间环境作为背景，没有一定的氛围条件也不可能产生。空间和人类行为的结合，构成了人使用的场所，以适应人类各种不同的行为需求，只有这样，空间才具有真正的现实意义。城市街道设施空间是一种公共空间，人是城市公共空间的重要参与元素，人在公共空间中的活动表现主要有两类：心理活动和行为活动。心理活动指人们对空间环境的认知与理解，行为活动指人们在空间环境中的动作行为。心理与行为的互动影响人们对空间的利用，进而影响空间的价值体现，所以城市街道设施与行为、心理有着密切的关联。

（一）城市公共空间中人的分布模式

人们在特定的环境里，相互之间有一定的分布模式，即人们根据情况采取特定的空间定位，并具有保持这种空间位置的倾向性。街道环境中人群的行为特征主要是休闲、散步、交谈等。

（二）城市公共空间中人的流动模式

人们在环境中的移动，就形成人的流动。人的流动具有一定的规律性和倾向性，人们的正常流动情况可以分为四种类型：目的性较强的人流、随意性较强的人流、移动本身就是目的的人流、处于暂时停滞状态的人流。

（三）城市街道设施对人的行为支持研究

通过对多个城市的公园、街道、广场、风光带等城市街道设施相对集中的地区共8处的调查，发出调查问卷200份，收回有效问卷187份，有效率达93.5%。根据长期、系统的观察并参照相关书籍中对空间使用情况的问题设置，以观察询问的方式进行了调查分析。我们可以得出：对人行为的支持及物质环境的不足可以阻碍甚至扼杀可能发生的活动；相反，充足的行为支持及良好的物质环境设计可以为更广泛的活动产生创造条件。设计者可以通过城市街道设施的合理设置，来保障空间对人们需求的满足，达到人性化设计要求。

根据芦原义信的外部空间理论，可以把户外为人提供的空间分为运动空间和停滞空间，那么人在户外空间的行为也可以分为运动行为和停滞行为。这两种行为的最大特征分别是"流动"和"聚集"。运动行为主要指有目的的前进、散步、比赛、队列行进等，其都属于运动行为。停滞行为的特点是活动范围相对比较固定，像静坐、候车、等人、交谈、打电话等都属于停滞行为。通过针对人们不同的行为研究其需要的城市街道设施，可以为今后的设计提供多样化参考，让城市街道设施真正成为行为的促媒器、发生器。

第五节　街道设施对城市文脉形象的塑造

城市发展的历史文化脉络不应隔断和消灭。城市的文脉形象分为传统形象与现代形象。传统形象决定了城市的民族文化特征，而现代形象则具有国际一体化的特点。城市文脉形象直接影响城市旅游形象。

当代的城市正处于世界更迭的大变革时期，城市的传统在现代主义的冲击下几乎已经荡然无存。从我们的周围可以深切地感受到这种变化，在我们所生活的城市中，老房子、老街区、老字号、老桥、老石凳……这些承载着城市历史文化的物质载体和场所已经难觅其踪影了，现代城市建设更是忽视了自身的地理环境、照搬照抄，不顾原有的地域文化特征、历史人文环境，所有的城镇正趋向同一种模样发展。我们的城市正在以远离多样性、差异性和历史文化特色的方式失去记忆。

一个城市的历史就是一连串以各种形式出现的记忆。有的是凝聚在书本、头脑中的事件，有的是以或隐秘或直接的方式铭刻在城市这个大场景中，呈现出集体的物质形态——城市景观，当人们对于一个城市的记忆被某种契机所唤醒时，当下与历史得以重合，文脉得以延续。而那个契机也不过是城市大场景中的一条街、一幢楼、一张座椅、一块砖，甚至是那么一股子熟悉的气息。因此，延续城市的历史文脉需要保留城市的记忆，保留城市的记忆需要合理的城市景观设计。城市景观环境是一个连续完整的系统，它通过富有生机的"节点"设计而使整个环境富有文化和充满情趣。按规律，城市要有积淀文化的能力才能有所发展，而城市街道设施也是人类文化积淀的载体之一。可见城市街道设施在城市景观环境中将起到传承文化脉络和承载城市景观环境的地域特征作用。其次，城市街道设施的设计在某种程度上也反映了市民对文化的认识水平，以及对传统文化的价值取向和接纳新文化的能力。

城市街道设施作为城市景观环境的构成要素，伴随着城市生活的真切文化体验而呈现，它们无不反映着一座城市及其居民的生活历史与文化态度，缔造着一座城市的形象与气质。无论是历史上遗留下来的一段城墙、一条老街或一盏街灯，还是现代设计的城市街道设施，都在默默诉说着这座城市的沧桑，显露着民众的文化习俗和地方品格，它将以不同的方式影响着他们后代的生活态度和审美素养。城市发展所形成的独特个性是城市的财富，其内在结构是城市发展的依据。现代城市街道设施的设计可以从城市中传统的样式、地方风格、材料特征、城市色彩等具有很高艺术价值的城市"原型"中寻找启迪，从而可以保护历史传统、风格、地域性等城市的内涵，使城市景观环境发展具有连续的内在结构和本质秩序。同时，结合城市街道设施形、色、质等设计要素，赋予城市景观环境以新的生命，使城市街道设施成为传递地域性特征意象的载体。借以城市街道设施地域性特征意象的传达，使传统文化得到尊重，又蕴含文化发展的新契机。

图 5-10　哈尔滨市果戈理大街景观设施

当代系统整合化设计的城市街道设施，已经成为实现城市生活和公共空间的人性化和效率化运作的基本保障。客观上，系统整合化的城市街道设施设计，在视觉的"标识"意义和文化的"符号"意义方面同时承担着双重的角色和作用。一方面，城市街道设施作为视觉化的标识而存在，它可以起到供人们对于在此地、具体的目标对象、空间位置及环境特性等进行有效的指代、引导和识别，提供给人们对活动于其间的环境形态及功能作用的直接认知和帮助。例如，一处地铁车站或社区、商场入口处的导视牌，一段具有可分辨性和引导性的路面铺装形式等。另一方面，城市街道设施又作为一种文化性符号存在，它们可以提供给人们以某种感性形式的基础上去显露它们背后蕴藏着的某种特定的历史文化内涵和人文意蕴，成为直接或间接地向公众解释其内在的文化脉络与时代风格的符号。例如，某个时期流行的一种公共照明工具的造型样式及装饰，某个时期通用的一种公共信箱、公共休闲座椅等的设计美学风格。由此可见，城市街道设施在为市民大众提供方便、效率、舒适和美感的同时，还潜移默化地影响着人们的审美观念和行为方式，把艺术和文化最为生活化地融入市民大众的日常生活当中。

第六节　街道设施对城市经济形象的塑造

经济是推动城市街道设施产生、发展、变迁的重要因素。同时，城市街道设施也促进了经济的繁荣和发展。

一　城市街道设施本身是一种工业产品

随着工业的发展，生产技术的进步，当今的城市街道设施的生产方式已经成为一种典型的工业生产过程，无论是"形式追随功能"的思想，还是强调"大批量生产"的概念，现代城市街道设施的生产都已经具有了现代工业的特征，绝大多数的城市街道设施已经成为一种典型的工业产品。在现代市场经济竞争日益激烈的环境下，城市街道设施作为一种工业产品，城市街道设施带动的不仅仅是一个或几个生产企业，而是与之相关的原材料采购与加工、生产设备、生产工艺、生产管理、产品策划与营销、产品展示与宣传、产品的招投标、物流配送、产品安装与维护保养、产品报废与回收、产品的拍卖等一系列与之相关的产业链。

二　城市街道设施可以促进商业的繁荣

人类的第一次社会大分工以后，畜牧业从农业中分离出来，固定定居点周围的"街道设施"就在人们的生产和交换过程中发挥着重要的作用，第二次和第三次社会大分工陆续出现的手工业和商业导致了供人们进行商品交换的室外场所——市场的大量出现，自此，城市街道设施见证了一次次商业的兴起与消亡。进入工业社会，随着快速交通与现代消费理念的诞生，马车时代富有人情味的小街道、小广场，简单朴素的城市街道设施、功能单一的城市街道设施已不能满足纷繁复杂、绚丽多彩的现代商业的要求，经济发展重点转入信息业、服务业、金融业、房地产业，因此多元化的城市街道设施与街道成为满足经济结构调整的必然选择。如城市中心地带的一些具有适宜尺度、宁静和谐的步行商业空间以及与之配套的城市街道设施，越来越受到人们的青睐和追求。

图 5 - 11 哈尔滨啤酒街道立体广告设施

三 城市街道设施可以营造良好的投资环境和商业氛围

经济的发展离不开人力、物力、财力、交通、信息等资源。这些资源状况决定着城市的经济形象和经济发展速度及产业结构。良好完备的城市街道设施可以体现一座城市的物质水平与精神风貌，如借助于户外媒体形式（路牌、灯箱、橱窗、招贴、公交车站等）而存在的、设置在建筑立面或顶部、街道两旁、闹市、商场、车站等公共场所的商业广告，有助于城市市场信息的传播和营造繁荣的城市商业氛围。人性化设计的城市街道设施则可以体现城市的人文关怀，整洁而统一的城市街道设施和城市景观也从侧面反映出城市中人的素质和道德水平，这些形象都能够加大投资者的投资信心，吸引外来人才定居就业，有利于城市的招商引资、引进人才，从而使城市的经济发展进入良性循环。

四　城市街道设施成为城市经济产业的推广和宣传的有效载体

这样既有利于城市经济形象的定位，又能加深公众对城市的印象，促进带动城市相关经济产业和城市旅游产业的发展，从而提升城市产业对城市经济形象的塑造力。

第六章 基于城市旅游形象视角下街道设施整合化设计策略

当今我国很多城市的街道设施的功能和形式比较单一，题材内容狭窄，与特定的环境相背离。另外，一些城市街道设施成为现代城市经济强势力量的文化附庸，无法真正参与城市外部景观环境的构建和营造城市独特的文化氛围以及延续城市的历史文脉，达到塑造城市旅游形象以推动城市发展的目的。对城市街道设施进行整合化设计有利于提升城市旅游形象。

第一节 城市街道设施整合化设计依据

空间是意象产生的主要影响因素。但作为线型视觉通道的街道，在其内部通过设施的整合，建立一些基本单元，通过不断的重复，形成视觉的连续性和秩序感。根据视知觉原理，就可以产生较强的整体感，加强了街道本身的意向，进而对城市旅游形象提升产生积极的影响。

一 格式塔心理学

"完形"即格式塔（Gestalt）。在格式塔理论中，完形并非指一般意义上物体的外部形状，而是"一种具有高度组织水平的知觉整体，是经过知觉对外界刺激进行的积极组织而'突现'出来的一种抽象关系"。完形即是一种组织或结构。格式塔理论认为，人对于"形"的感受取决于大脑皮层对于刺激物的组织水平。人对于刺激物的组织过程即完形过程，是按照刺激物的相近、相似或连续等特性将其组织为简洁完美结构的过程。由于人的这种"完形过程"的存在，那些很容易被组织得最好、最规则和最简单明了的"形"便容易为人们的知觉所迅速地把握，从而传达给人以舒适、完美的感受。

街道设施由于其所处的空间位置决定其排列方式主要以线型为主，而这些街道设施作为一个系统是由许多具有不同功能的单元体组成的，每一种单元体都有各自的功能，如果通过形、色、质等属性重新组织和协调这些设施之间的关系，强化其整体性和各设施之间的有机联系，形成某种氛围，向人们传达信息、表达情感，就会最大限度满足人的心理需求。多样而统一的形体会在人的视觉当中留下强烈而又深刻的印象。形体组合可增加形象的复杂性和可识别性，只有简单而没有多样，视觉就不会得到足够的信息量，因而形体上出现单调，而只有多样性而没有统一性，同样会在视觉上产生杂乱无章的效果。

因此，只要能通过将这些孤立的、杂乱的设施进行合理整合，并使之成为既多样又统一的整体，就会对街道、整体城市的形象产生影响，达到强化城市旅游形象的目的。

二 城市形象理论

美国学者凯文·林奇在其 1960 年出版的《城市意象》（*The Image of the City*）一书中提出了城市意象理论，并指出城市意向的研究可以应用于实际的城市设计中，从而提高城市的"品质"。目前，城市意象的研究已经成为获取与城市设计和城市规划相关的社会数据的三个常用方法之一，而且该方法对城市设计概念的发展也颇有贡献。

（一）意象、印象、形象

"*The Image of the City*"，有的翻译成《城市意象》，还有人理解为《城市印象》、《城市形象》，也有人认为城市形象在某种程度上可以视为人们对"城市的印象"，进而理解为对城市的理解与意象。目前较统一的观点称为《城市意象》，而笔者理解的城市意象是人对城市旅游形象感知的结果。

"意象是意与象的统一"。"意"指的是主体感受，"象"包括两个层面，客观物象和主观映象。所谓城市意象，是指由于周围环境对人的影响而使人产生的对周围环境的直接或间接的经验认识，既是人的大脑通过想象可以回忆出来的城市印象，也是居民头脑中的"主观环境"。林奇认为，城市结构中的道路、边界、区域、节点和标志五种要素对城市的意象起关键作用。我们可将这五种要素看成是城市意象构成的主要要素，也可以将这五种要素看成是影响城市旅游形象的重要因素。

城市印象或城市的意象所感知的城市旅游形象最终定位，应该是城市公共意象或市民社会并在历史存续过程被升华的大众感知。

（二）道路、边界、区域、节点、标志、人文活动

1. 道路（Path）

在林奇看来，道路是城市意象产生的主导元素之一。人在道路的移动中获得环境"意向"，也即获得对城市旅游形象的感知。事实上任何对城市的形象感知，都是在与道路相关的活动中获取的，因为接近任何城市景观，都必须通过通往景观的道路。

林奇考察了城市中的高速公路、道路的功能、特殊的道路结构、道路两旁的门面、树木等要素的空间延续性、道路的方向以及城市路网的形式等对城市意象的影响，并认为"道路是许多个体意象的关键"。如北京平安大道就有助于西城、东城意象的连接，上海浦东的世纪大道也有利于人们对浦东新区分散的金融区、高技术区、新港区、新机场形成统一的意象。

2. 边界（Edge）

边界是城市中不被视为道路的线性成分，通常是两个区域的边界。

城市边界是城市旅游形象的第一感觉。边界作为线型要素表现，在人们的感觉中是城市旅游形象的一种域化。

林奇认为，最好的边界不仅仅在视觉上明显，而且连续不断、具有不准穿越的功能。例如，湖滨，墙体，陡峭的筑堤、悬崖等就是较好的边缘例子。波士顿的查尔斯河是最好的边界实例，不但视觉上占有统治地位，而且形式也连续不可穿越。

3. 区域（District）

区域是城市意象的基本元素。

区域是指观察者可以在市区内随意进出其间，而且具有共同特征的地区。这类区域具有鲜明的主题。一般可以从文化、特色、空间、形态、细节、象征、用途、活动、居民、保养程度甚至地形等多方面

烘托、表现这一主题。这些主题特征的凝聚，再经过人们的想象领悟，便形成了人们对区域的意象。

4. 节点（Node）

节点既是城市结构空间及主要要素的连接点，也可以是观察者进入、能够使人留下深刻印象的关键点。但林奇在《城市意象》一书中对城市节点的解释和举例往往集中在城市广场上。现在看来，节点还应具有更广泛的含义，例如道路的延伸中有"节点"，道路之间的连接点，边界的表现中有节点，区域内存在着节点、重点及中心点，而某些标志物本身就是一个节点的表现。城市中典型的节点主要由道路的交叉口、广场、地铁站等组成，例如哈尔滨的红博广场等。

5. 标志（Landmark）

标志是人们认识城市、观察城市、形成印象、便于记忆的参考点。林奇的解释是，标志最重要的特点是："在某些方面具有唯一性"，在整个环境中令人难忘。

林奇认为，对某一个城市较熟悉的人，越来越依赖地上的标识作为向导来享受城市独特、专一的特色。人们一般将具有明显个性的建筑物、构筑物、标示牌等作为认识城市的标志，例如浦东新区的东方明珠塔、金贸大厦，北京的天安门就是很好的例子。

6. 人文活动（Activity）

城市中人的活动是千变万化的，个人作为城市人群的一分子就必然会与其他人产生某种联系。人文活动包含的内容很多，具体如休闲活动——晨练、散步、逛街、饮茶、野餐、风筝、钓鱼等。再如节庆活动——春节、元旦、国庆等法定节日；元宵、端午、中秋节等民俗节日；祀孔、龙舟、牡丹等文化节日；迎送国宾、伟人殡葬、游行示威等行政活动。这些活动虽然频率低，但为市民所关注，特别是文化节日活动，因其人文背景，具有突出的特征，往往成为一个城市具有代表性的活动景观，促进了人际间的交往、文化交往，成为城市发展的一种潜力。如曲阜孔子文化节、潍坊的风筝节等。

值得指出的是，上述要素都对城市意象的生成具有重要的意义，各个要素之间的组合才是人们对城市形成的综合意象，这种意象具有独特性、唯一性和不重复性。当然，这五种要素在人们形成初步城市意象时可能会相互强调而产生共鸣,并使人很快形成城市意象,但也可能互相冲突而自我削弱。总之,人们是通过上述要素间的相互作用,由通道进入节点、由节点访问街区,迅速划定城市的边缘,道路穿插其中,标志点缀其间,从而形成城市意象。

三 街道意向

道路既是城市旅游形象的主要观赏地,同时也是产生城市意象的主导元素之一。城市居民和外来参观者在街道行进的过程中,不断感受和认知城市空间和城市的市井活动,不断累积最终形成了对城市的印象。简·雅各布(Jane Jacobs)在《美国大城市的生与死》(*The Death and Life of American Cities*)中曾说:"当我们想到一个城市时,首先出现在脑海里的就是街道。街道有生气,城市也就有生气;街道沉闷,城市也就沉闷。"街道是人们停留时间较长的户外公共场所,人们从一个地点向另一个地点行进要穿越不同的街道,因此,街道对于人们形成城市的意象尤为重要。街道展现给观者的不仅仅是街道的外在景观,而且还展示了城市景观以及街道中人的活动所体现出的不同城市的各自空间特点和传承已久的城市文化和城市场所精神。

形成街道意向认知感受的因素有街道形式、两侧建筑围合界面,以及各类街道设施、绿化等方面,通过对两侧建筑的退线、高度、色彩、形式的控制,以及街道绿化、设施的统一规划,就可以给人一个整体的感知意象。

街道景观质量的优劣对人们的精神文明有很大影响。对于生活在这个城市的人们来说,街道景观质量的提高可以增强市民的自豪感和凝聚力,促进精神文明和物质文明建设。对于外地的旅游者和办公者来说,由于他们停留的时间较短,而且大部分时间在街道上度过,因此街道就代表整个城市给这些外来人员的形象。人们对街道的感知不仅涉及其路面本身,还包括街道两侧的建筑,成行的行道树、广场景色及广告牌、立交桥等。这一系列事物共同作用形成了街道的整体形象,而其中任何一种事物质量的低下,都影响整个街道的形象,而街道的形象又影响城市的形象。

一个城市给人留下深刻印象的往往是城市街道上的景观、街道上的尺度,街道两侧建筑物的体量和风格,色彩各异的广告牌匾和指示标牌，独具特色的绿化、小品、设施，以及街道上穿梭的车流，或漫步或急行的人们，或驻足聊天或看热闹的市民等，这些城市街道上的情景往往成为这座城市景观的代表。图6-1为北京前门大街设施系统组合，基于老北京文化经过重新设计的道路和灯柱设施和谐统一，取得了良好效果。

图6-1　北京前门大街景观设施系统

因此，作为街道中与人的行为活动关系紧密的街道设施直接影响着街道自身的形象，其形态、色彩、材质、尺度以及与周围环境的关系，都会成为人们最直接的视觉感受，继而对城市整体形象的优劣产生影响。

第二节　街道设施整合化设计原则

一　设计先行原则

城市旅游形象对街道设施提出了功能之外新的要求。为了形成令人难忘的、易于识别的城市视觉符号，街道设施越来越被要求设计先行。目前，在城市设计和城市规划领域，街道设施虽然已经受到重视，但在具体实施过程中，街道设施的选择方法仍主要集中在通过对各种街道设施生产厂家的产品从造型、色彩、材料、造价等方面进行比较后选择，并不是从设计方案本身进行整体考虑，这种情况产生的原因在于城市规划师并不能将城市设计过程中所有的元素都作为主要的设计对象，而是需要专业的产品设计人员与之配合，造成的结果却是目前城市街道设施的混乱和千篇一律。解决这种情况的办法就是街道设施的设计先行，摒弃目前对设施的选择只能从生产厂家的成品当中选择的现状，而是根据城市个性特色、地域等特点，如同建筑一样，从美学、成本等角度，由专业的产品设计师甚至艺术家、建筑师进行单独设计，这样经过先行设计的街道设施将从细节体现出城市的整体形象和文化感觉。

　　街道景观设施并非单纯的功能设计而应将其设计规划视为一种艺术创作，有时，美学上的考虑是决定性的。我国深圳华侨城地区的发展已经成为深圳乃至全国发展的楷模，图6-2的"深圳人的一天"主题街道景观设施设计得到了业内外人士的一致好评，其成功经验就是艺术创作与城市景观的完美结合。

图6-2　"深圳人的一天"主题雕塑

二　整体性原则

整体性原则的体现包括两方面内容：

（一）整合在一起的街道设施与整体环境之间的关系

1. 与道路相协调

从静态和动态的视觉要求出发，使街道设施的位置、尺度、造型、材料、色彩与周围道路环境协调统一、互相衬托，并有机地融入城市景观环境之中，从而烘托出城市商业繁华的景象和城市独特的风景。

2. 与建筑物相协调

街道设施的尺度、色彩、形态应与建筑物立面有机协调。其尺度不宜过大，切忌分割建筑物原有立面、破坏建筑物原有使用功能、破坏建筑物顶部造型等；色彩宜以建筑物原色为基调，与之协调；形态按建筑物立面的要求进行选择，点缀丰富的建筑立面，与之整体统一。

3. 与城市绿化相协调

城市街道设施与绿化要有机结合、互相协调，设置设施时要区分不同绿地的功能，防止数量过多或面积过大而破坏公园绿地的绿色景观。

（二）设施与设施之间的整体性

设施之间要相互协调。城市的许多街道设施，如照明灯杆、候车亭、邮政信箱、电话亭、宣传栏、道路指示牌等，其本身就是城市景观的一部分，承担着艺术点缀的作用。这些城市街道设施，要统一精心设计，面积、尺度不能过大，以避免喧宾夺主，同时又不能影响其使用功能。

街道设施种类繁多、功能多样，在设计中应充分考虑各种设施与周围环境的相互协调，强调和重视街道空间的整体性和协调性。如步行商业街中应少设置为车服务的设施，而为人服务的座椅、绿化等服务设施数量要增多，为了创造繁华热闹的商业气氛，还应适量设置广告牌、彩旗等，这样力争使用所有的街道设施来共同营造街道空间的氛围。如图6-3所示，垃圾桶、座椅采用相同的金属材料制作，颜色为灰色，与其所处位置的地面铺装的色彩一致，椅面为暗红色，强调其使用功能，从整体上看，既统一又多样，与环境关系协调，很好地体现出整体性的设计原则。

图6-3　统一材质、色彩的休闲座椅

三　经济性原则

考虑产品生产、制造的经济性。从产品设计角度看，批量化的产品生产是现代工业化的一个重要特征。如果街道设施经过整体的、系统的设计，在开发生产时就会节省大量的成本，如模具、材料等成本。由于街道设施往往数量多、维护工作量大，因此设施的材料用量比较大，用材要经济、工艺简单。

具体实施包括在材料和制造工艺方面的推敲，形成批量的工业化生产规模以降低成本；合理的序列化设计，比如公交车站就应区分一类站（包括起点站、终点站、客流大、线路多的站）、二类站（客流和线路相对较少的站）、三类站等，其中一类站设施较完善，三类站则可以只是简单但形式统一的站牌。又如垃圾箱可分为民用垃圾箱和用于商店、广场、车站、街道等地段的清洁垃圾筒等。为了节省基本建设开支，可在结构及造型设计时，结合现代广告业的发展，预留广告空间，由广告商承担部分或全部建设资金。如果管理得好，这些基本建设的投资实际上只是一种垫支，它不仅会有巨大的物质回报，更会产生不可估量的社会效益。

四　艺术性与通俗性的协调原则

街道设施除使用功能的要求外，从城市景观的要求出发，它们都具有审美性的要求，街道设施本身就是作为城市景观环境中的一个要素而存在，因此，设施在设计和施工中必须将其纳入整体环境景观的创造之中。艺术性是一个美学标准，街道设施服务的对象不是设计师个人或少数人，而是社会主体的大众，所以设计师关注的应该是在时代、社会、民族环境中形成的共同美感。如教育、文化、价值观不同的人，对审美的趣味也各不相同，因此在考虑设施的艺术性的同时必须考虑大众的审美和设施设计的通俗易懂。美国旧金山街道的鱼形排水格栅设计，形状像条鱼，在满足使用功能的同时，为街道又增添了景色，行人经过时又易于辨识，给人们带来了极大的方便。

现在很多城市都在推广垃圾的分类回收，使用了新式垃圾筒，可是有很多老年人就在垃圾筒前犯难，"可回收物、不可回收物"，或者是"有机物、无机物"，垃圾筒的图示不能只考虑到专业性，设计应该通俗、形象一些，让人一看就明白理解，这样垃圾分类工作会更容易推广实施。

五　人性化原则

人是城市公共空间的主体，街道设施是为人服务的，因此街道设施的规划设计要体现对人的关怀，关注人在其中的生理需求和心理感受，使人们活动起来更方便、更舒适。如在人流集中的步行商业街周围，设置足够的停车场使人们出行更方便；休息座椅与高大乔木或花坛相结合，使人在休息时既亲近了自然又可以避免夏日的暴晒。以人为本不仅要考虑到正常人的需求，还要考虑到伤残人、老年人和儿童等弱势群体的特殊要求，努力创造一个公平、平等的社会环境。如在街道必要的地方设置残疾人坡道、盲道；过街语音提示等；提供儿童专用的坐具、场地和设施；为老年人和残疾人设置厕所蹲位等。如图3-5所示，这是北京地铁一号线入口处设置的残疾人专用扶梯，投入使用后，受到了广泛的社会好评。街道设施的整合化设计必须考虑人机工程学的要求，尺度设计合理、便于使用。

六　管理平衡原则

随着社会分工越来越细，一方面要求专业的深化，另一方面也需要各专业的协作。目前，在街道环境建设中存在一些问题，城市街道的建设、维护和管理存在许多条块划分，由于界限不清，出现问题时往往会互相推托、踢皮球。比如道路的建设及路面维护，由城建部门分管（有些城市根据道路级别，还有市管和区管之分），地下管线的设计及施工归各专业部门分管，道路绿化是城市园林局或城建局分管，道路环卫是由环卫局分管，公交设施由公交部门分管，交通设施由交通公安部门分管，街道牌匾、广告由市容部门分管，建筑立面由规划部门审批等。由于归属不一，各自为政，缺乏统一的规划设计及审批实施管理程序，各部门之间的矛盾缺乏较好的协调，造成了城市街道谁都管，又都不管了，往往出现管理失控的现象。

国内街道设施与商业广告宣传之间普遍存在着很大的矛盾，一方面，城市政府及设施管理部门应该广泛接受企业或广告商介入城市街道设施领域，利用企业的财力增加街道设施的投入，并以此提高街道设施的设计和建设质量。事实也证明，企业和广告商为了自身的利益和宣传效果通常不会对设施的设计敷衍了事、简单复制。很多优秀的街道设施都是企业和广告商参与投资、组织设计的结果。另外，企业出于自身的利益考虑，往往在色彩和商标的运用上过分夸张以期达到更好的宣传效果，这样产生的结果往往是不顾城市街道整体环境的地域、文脉特点，破坏了城市环境的整体性，甚至造成视觉污染，因此城市主管部门必须制定相应的法规进行规范和设计控制，以达到最佳的城市景观效果。如图 6-4 所示，广告柱在欧洲国家的街道中很常见，而且风格各异，这些广告柱为商业广告提供了张贴、宣传的空间，减少了乱贴乱画的广告对城市景观的破坏，便于管理，而且投资很少，值得我们借鉴，但并不是完全照搬，具体的设计形式还要突出民族性和地域性。

图6－4　欧洲街道广告柱

第三节　街道设施整合化设计手法

　　街道设施的多功能、多样化是时代发展的必然，这在一定程度上给空间布局增加了难度，容易产生杂乱感。整合化设计首先可以改变目前国内街道设施混乱、无序状态，在设施的整合过程中运用群化原理，使形式连续统一，整合后的设施适量重复造成视觉的累积效应，这是一种迅速提高城市景观和城市旅游形象的有效手段。当然，统一与多样并不矛盾，统一之中也存在差别，最终目的就是达到多样而统一。另外，街道设施的整合以人本主义为基础，增加设施的易识别性、通俗性、艺术性等，真正给使用者带来方便。

根据德国心理学家马克斯·韦特海默（Max Wertheimer，1880—1943）提出的关于知觉集群的规则，当一个人注视一组图形时，只要它们在大小、形状、颜色或别的知觉特征方面具有相似之处，它们看起来就是相互关联的。

街道设施的整合具体说就是通过赋予各种设施以同质要素来达到视觉上的一致性。所谓同质要素即色彩、材质、形态以及体量，色彩相同或近似，材质、形态等要素不同，可以形成整体感。同样，材质或形态、体量相同或近似，其他属性不同的设施也可以形成整体感。如图6-5所示，这一系列设施的材料都是采用不锈钢和木材加工制作的，以木材的原色为主体色，整体上看，通过对色彩、材料来进行统一、协调，另外生产工艺也采用了模块化的生产方式，便于节约生产成本。因此，这些不同的设施在视觉上具有非常鲜明的整体性。

当然，在以其中一种要素作为同一对象时还要考虑到其他要素的影响，例如街道设施的形态与其本身的材质之间的关系十分密切。任何形态上的设计都需要借助材料和工艺来完成，不同的材料性质也不同，必定导致其结构方式的不同，而不同的结构方式就必然表现出不同的形式、造型。以街道护栏为例，分别采用铸铁和不锈钢为材料，就会对护栏的设施式样、风格产生影响。因此，在进行设施的整合设计过程中要全面地考虑各种影响因素，多数情况下，整合的手段都不是单一的，而是两种或更多元素的统一。

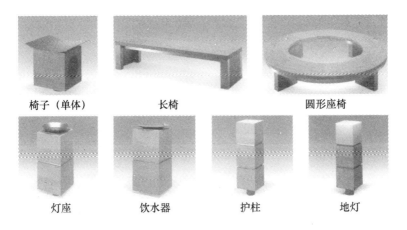

| 椅子（单体） | 长椅 | 圆形座椅 |

| 灯座 | 饮水器 | 护柱 | 地灯 |

图6-5　具有整体性的设施系统设计

一　色彩统一

街道设施中的色彩运用范围主要包括设施色彩和信息标识色彩两大类设施，色彩既是设施外表无特定含义的固有色或外涂色，也是设施主要形态构成要素之一。信息标识色彩是街道设施中有特定意义的用以传达信息的色彩如交通系统中的一些标识，红色用于表示禁止；黄色表示警示；绿色表示通过等。这些色彩都具有一定的信息功能，有些颜色已形成了一定的机能，如红色表示禁止和注意、消防、道路信号等所限定的标志色彩，绿色表示邮政等。

本章所要进行整合的设施色彩不包括已有特定色彩和含义的交通标识等，而是指可自由选择外涂色的设施，如标识、垃圾箱、候车亭等。如图 6-6 所示，这些街道设施具有明显的色彩统一性，这些设施与周围建筑屋檐的色彩也进行了呼应和统一，使整个环境给人留下深刻的印象。

图 6-6　色彩统一的垃圾桶、路灯、花坛和休闲座椅

此外，街道设施色彩的选择和整合还要受到城市 CI 和 VI 的影响，一个城市已经拥有特定的标准色系，进行整合时就必须依照现有标准执行。如苏州古城的主色调"粉墙黛瓦"，街道设施与建筑立面的色彩选择上就要参照这些色系进行选择。

图 6 - 7　苏州地域特色公交站

二　材质统一

现代城市街道设施所用的材料十分丰富，大体可分为复合材料和自然材料。常见的使用材料主要有木材、石材、混凝土、陶瓷、金属及塑料等。自然材料如木材、竹等在解决了耐腐蚀和耐久性之后将最受人们的欢迎。另外，人造石材给人整洁、现代感，便于清洁管理；金属材料给人流畅、优雅感，在解决了防锈问题之后，因其自身的特性和制作工艺的方便有利于在城市中大规模生产，目前，国内很多城市的街道设施都采用了不锈钢等金属材料，具有耐腐蚀和耐久性，在不同设施之间利用材质也能很好地达到统一的目的。

三　肌理统一

材质的肌理包括材质固有的表面纹路，是材料固有属性的表现。材质和肌理是密不可分的两个方面。以地面铺装为例，地面的铺装有砖石等多种材料，但用单一材料铺设形式并不能产生多种功能，如对区域的划分，以地面纹样的线形、面积的不同区分不同的功能空间，还可表达一定的意义。

图6–8 哈尔滨中央大街统一材质的街道设施

四 形态统一

形态的统一指的是主要在同一类型的街道设施之间进行整合。如路灯、座椅、电话亭、公共厕所等成等距分布在街道上的设施。当然，不同类型的设施之间也可能存在形态统一或风格统一的可能性，这种情况多数取决于设施所在的特定环境和设施之间的相对位置，如图6–9所示这几组雕塑虽然颜色各异，但形态上具有统一性，都是曲线形体的扭曲、变形，给人以整体感。

五 尺度统一

体量和尺度与其服务的对象密切相关，例如高速公路的附属设施，其体量和尺度都必须巨大，这样才能满足高速行驶的车辆对识别、景观的要求。例如街道小品、雕塑，在其体量、尺度上进行统一，其形态、色彩等要素可以不同，也可以形成秩序感和视觉上的连续感。而以人行为主的步行街道上的设施，其体量和尺度与人本身的尺度联系紧密，因为它与人的使用关系最直接。例如电话亭的高度、内部空间的大小、饮水器的高度和饮用方式，路牌及指示牌的最佳高度及字体的尺度等都充分地体现着设计中对人尺度的关注。因此，在整合这类设施的尺度时要充分运用人机工学原理，注意原有设施的尺度和整合后的尺度。

图 6 – 9　形态统一的苏州山塘古街

如图 6 – 10 所示，这是德国设计师设计的一系列的候车亭，这些候车亭的尺度和形态大致相同，而采用的材料和肌理不同，通过玻璃、

图 6 – 10　德国一系列候车亭，材质肌理不同，尺度形态形成统一

木材、混凝土等材料形成的不同肌理来形成丰富多彩的视觉感受，多样之中又不乏整体统一。目前，绝大多数城市中的候车亭形式基本都是相同的，缺少变化，视觉感受单调，这种设计能给人带来全新的视觉感受，印象深刻，不过，从易识别的角度看，完全相同的候车亭与这种设计相比易识别性较强，如果在设计中加入足够突出的标识指示系统，那么，这种设计将会使城市景观产生新的亮点，在满足使用功能的前提下也会给使用者带来愉悦。

第四节　城市街道设施整合方式

一　城市街道设施的整顿、协调与重新组合

现代都市的街道设施随着社会的发展也越来越多，结果就出现各种设施共存于同一个狭小空间中，这就需要对这些人为设置在一起的设施进行整合设计。

街道设施整合的第一种方法是各设施之间仍保留各自的属性和功能，通过统一色彩、材质等形式要素对设施进行规划设计。此种整合包括对单一设施、放置位置不同的设施集合的整合，如路灯这种需重复布置的设施，这类设施基本都已经是批量化生产，所以本身就具有整体表现。除此之外，还包括位置靠近、成群组状态的不同设施之间的整合，如路灯与座椅、垃圾桶等聚集在一起的设施。

街道设施整合的第二种方法是重新组合即功能的综合化，具体指的是将可能结合的各种设施聚合在一起，形成新的、具有多种功能的设施。例如，目前比较普遍的做法是把花坛与座椅相结合，给人以亲切感、接近自然。

此外，科技的进步和信息化社会的发展趋势也为这种整合方式带来了新的可能，新的多功能设施结合体也在不断出现。如信息指示系统、路灯、街钟等功能与设施的结合体，这种方式提供了信息化社会中人们需要随时随地获得各种信息的可能，同时也体现了人们生活方式的改变和社会的进步。

图 6 – 11　花坛与座椅的结合

图 6 – 12　街钟、路灯与候车亭等设施的结合

二　同类型街道设施的整合

根据本章对街道设施的分类，进行整合时主要采用的是第一种整合方法，除某些具有特定功能和含义的设施之外，如邮筒、交通标志等，其色彩已经形成其特有的符号，都可以通过色彩、形态等形式要素中的一种或多种来进行统一。如图 6 – 13 所示，这是哈尔滨市果戈理大街一角，同属于交通性设施的路灯和街道护柱在色彩和材料上都很传统，形成视觉上的统一，与周围环境很协调，环境呈现整体感。

图 6 – 13   同类型的交通设施进行整合

　　基于设施整合可能性的分析，以交通性街道设施中的路灯为例，其与其他交通性街道设施之间整合的可能性最多，在这些可能性中，既有结合其他设施成为多功能体的整合又有通过形式要素进行的统一。图 6 – 14 是将路灯与饮水装置进行有效整合，图 6 – 15 是将座椅与饮水装置进行有效整合，依次达到视觉与材质肌理统一的目的。

图 6 – 14   路灯与饮水装置的整合

图 6 - 15　座椅与饮水装置的整合

三　不同类型街道设施整合

不同类型街道设施的整合指的是设施服务对象不同的设施之间。这里的整合包括三个方面，设施的整顿、协调和重新组合。如图 6 - 16 所示是候车亭将 GPS 导航、电子报站、商业广告等设施结合在一

图 6 - 16　候车厅与商业广告、GPS 导航、电子报站的整合

起，形成新的功能综合体。这种组合方式应该说是适应社会发展而出现的。国内其他一些城市的候车亭已经开始结合如电子信息显示牌、城市道路信息查询系统等科技含量较高的设施，以此来满足信息化社会中人的新需求。

如图 6 – 17 所示，这是英国的一个临近街道的酒吧入口，各种设施如街道护柱、垃圾桶、信息牌等在色彩、材质的统一下形成完整的环境形象。不同类型设施之间的整合主要通过此种手段完成，这种整合方式对目前城市街道设施的管理、城市旅游形象具有重要意义。同时对改变我国街道设施的现状，如缺乏系列化、标准化设计、整体性差，将会产生积极的作用。

图 6 – 17　周围环境协调一致的酒吧入口环境设施

第五节　城市街道设施之间的整合

街道设施是整个街道构成中的重要组成部分，它们与街道中的其他组成元素一起组成一个整体，在城市生活中发挥其各种功能。这些设施元素与其他街道元素之间，以及它们相互之间有着种种空间和功能关系。在分析单个设施功能的同时又能兼顾各项设施元素间的相互联系，对于街道设施设计的整体性，如对一些共性的设施进行统一设计，给人以整体的印象（路牌、厕所、标识、电话亭等）。对于各区域的街道设施可结合环境性质、历史文化内涵突出特点（路灯、座椅、区域标识等）。

　　街道设施的种类繁杂，要对这些设施进行整合就必须先通过对街道设施各元素之间整合可能性的分析，列举出可能进行整合的设施种类，并在此基础上对这些设施进行重新编排和布局，以单元体、组合体等形式适量重复分布在街道空间之中，如表 6 - 1 所示。

表 6 - 1　　　　城市街道各种设施进行整合的可能性分析

项目	类别	路灯	护栏	标识	地道	天桥	候车亭	隔离栅	电话	座椅	垃圾桶	花坛	售货亭	绿化	小品	雕塑	广告	牌匾	照明
街道管理设施系统	消火栓																		
	护栏	◎							◎										◎
	护柱	◎							◎										◎
	盖板树箅			◎				●	◎			◎		●					
	管理亭	◎		◎			◎							◎			●		
街道交通设施系统	候车亭								◎	●	●	◎	◎	◎	◎		●		●
	隔离栅	◎				◎													
	路灯		◎	◎				◎	◎					◎			●		
	自行车停放架		●					●									●		
	天桥			◎					◎	◎				●			●		
	地道			◎										●			●		
街道辅助设施系统	电话				◎	◎	●			◎			◎				◎		◎
	座椅	◎	◎		◎	◎	●		◎		◎			●			◎		◎
	标识	◎																	◎
	公共厕所			◎						◎			◎				●	◎	◎
	垃圾桶						●		◎	◎			●						
	花坛						◎		◎	●					◎	◎			
	售货亭						◎		◎		◎					●			
	绿化	◎				●	◎			●					◎	◎			
	照明		◎	◎	◎		◎												
街道美化设施系统	雕塑小品						●					◎	◎						
	广告	◎				◎	●						◎						
	牌匾																		

　　注：◎代表具有整合可能性；●代表整合可能性较大。

第六节　城市街道设施整合化
设计的层级对象

一　城市街道

城市街道设施的整合化设计体现在每一条街道设施元素在设计时的总体考虑上，即将一条街道作为一个整体考虑，统一考虑街道各种设施之间以及设施整合与建筑物、街道绿化、街道色彩、街道历史、街道文化等的配合。如南京东路步行街全长约1052米，在街道设施的设计上以售货亭为基本单位，每72米形成一个标准单元，每个标准单元中都配置一个电话亭、四组花坛座椅及若干垃圾箱、灯箱广告等，其间每隔14.4米配置一盏路灯。其中花坛与座椅的结合既解决了众多游客的休息又拉近了人与自然之间的距离。城市街道的性质和等级也会对整合产生影响。如以车行为主的干道，其街道设施主要是为车辆服务，种类相对步行街要少，在整合时，尺度和色彩就成为其主要的统一要素。

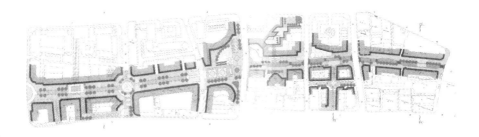

图6-18　上海南京东路步行街平面布置图

二　城市区域

按照凯文·林奇对区域的界定，区域是观察者可自由进出的，具有共同特征的较大区域。本章所提到的区域可以指街区、城市中的各个行政区，也可以指城市规划设计中的功能区划，如行政办公区等。北京、上海等城市的发展过程中往往会形成一些具有明确功能特征的

图6-19　上海南京东路步行街景观设施

图6-20　上海南京东路步行街景观设施

区域，例如商业区、住宅区、文化传统保护区、新兴科技产业区等。以这些区域中的街道设施为对象进行整合，可以加强区域的整体感和个性识别。例如将城市中的各个行政区域中的街道设施在考虑城市旅游形象识别系统所确定的标准色系的基础上以色彩加以区别；城市新区与历史保护街区的色彩区分等。如图 6 – 21 所示底图城市市区，黑色框选区域为城市行政区，◎表示经过整合化统一设计的公交候车亭单元（设施的组合体），这些单元沿道路网络分布，并区别于其他区域，通过这些单元的整体特征来形成该区域独特的形象。当然，这种区分仍需要从整体城市的环境特征加以考虑。

图 6 – 21　城市区域整合示意图

三　整体城市

整体城市街道设施整合是建立在街道、区域整合的基础上的。城市本身的复杂性决定了在街道设施整合时的多样性。例如，一个拥有完善的城市旅游形象识别系统的城市，在整合过程中同样要考虑到具有丰富历史和城市文脉的特色街区，在进行设施整合设计时要加以区别，如哈尔滨的中央大街，其街道设施的风格、材质、色彩等考虑首先是街道本身的空间环境，建筑的风格、色彩等的影响，其次是中央大街所在的区域，包括主街、辅街等，最后是整体城市的文脉等。街道设施在城市各种空间环境要素中可以看作是最基本的元素，由于其自身的布局和空间位置，只要有道路就会有街道设施的存在，而且数量众多，如果对这些设施进行整合，其对城市旅游形象的影响力就能充分发挥出来。

在城市旅游形象识别系统的原则下，从街道、区域再到整体，对街道设施进行整合设计，对城市自身的形象能够起到积极、快速的提升作用。图6－22为标志性建筑在城市旅游形象中的作用的示意图，试想如果将这些标志性建筑物换成经过精心设计的街道设施，那么这些相对属于小尺度的设施将会从城市空间的微观层次对城市旅游形象产生影响。

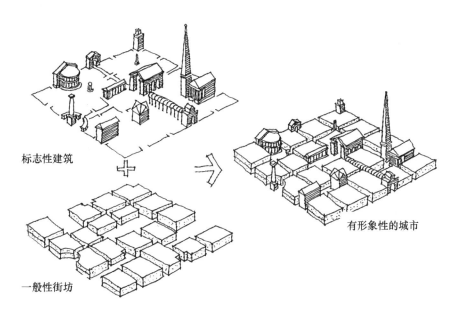

图6－22　标志性建筑在城市旅游形象中的作用

第七节　城市街道设施整合化设计的目标效果

一　秩序感的生成

目前，我国大多数城市的街道设施都未经过统一、系统的设计，散乱地分布在街道上，而人们对一个城市的形象又主要是通过街道景观获得的，虽然这些街道设施与建筑、城市布局相比尺度和体量都很小，但它们是与街道并存的，遍布在整个城市的各角落，其形态、色彩、材质、尺度以及与周围环境的关系，都会成为人们最直接的视觉感受，因此，如果不对其从整体的角度考虑，统一规划设计，就会对城市整体形象产生不良影响。

街道设施的整合目的就是要通过各种组合元素形成秩序感。秩序感是视觉形式完善性、协调性、整体性等要素的重要表现之一，其核心是各要素之间存在的某种一致性。秩序也是协调的表现之一，而协调和均衡是人的知觉需求，秩序不仅可以满足人的心理需求；同时，秩序也是方便认知的重要条件。例如，街道设施中的路灯，其排列方式本身就是一个有秩序的整体（如图 6 – 23 所示）。

因此，通过设施整合使混乱无序重新形成秩序，既能满足人的生理、心理需求，又可以强化人们对街道空间的认知和意象，同时也是对城市旅游形象的强化。

图 6 – 23　街道设施组合所形成的连续性景观

二　个性识别

城市街道设施的整合设计要体现和展示城市的形象和个性，并且要突出城市的个性服务。城市 CI 理论的推广极大地促进了城市旅游形象的建设步伐，在此过程中，城市旅游形象建设的一个重要方面就是城市个性特色的塑造。城市个性和特色体现的是多方面的，包括气候、地理环境、历史文化等，但很少有人会对街道设施的个性化进行关注和研究，街道设施与建筑一样受到城市历史、文化等因素的影响，也具有地域性，但目前的情况却是互相抄袭、模仿，比如路灯，一旦有新产品推出并获得好评，马上就有很多城市争相采用，不顾地域、文化差别，原封不动地照搬过来，这样做的结果只能是对城市个性的削弱。每个城市都应该有自己的个性特色，色彩的选择、设计风格都要为其服务。在城市特定的文化背景下，街道设施的整合就会形成鲜明的个性，也必然会对城市旅游形象产生好的影响。图6-24为北京前门大街运用老北京传统文化元素设计的路灯造型，具有鲜明的城市个性特征。

图6-24　北京前门大街个性化的路灯设施造型

三　视觉累积

根据视觉原理的有关论述，形式元素的适度重复会使人在视觉上产生一种累积效应。城市街道设施整合化设计的另一个重要作用就是通过设施单体或群组的不断重复，这些单体或群组设施具有某些共性，如色彩、材质等，重复的结果就会对街道中行进的人在视觉上进行重复刺激，使其产生深刻的印象，成为其对该街道的意象中的重要

元素。如英国伦敦的电话亭，该电话亭是 1936 年由英国设计师索·
奇尔斯·奇文伯特·斯科特设计生产的，采用封闭式，其色彩为鲜红
色。在英国，只要这个形象一出现，即可辨认为公共电话亭，它的造
型与英国传统的形式有着密切联系，这款电话亭已经成为一种象征符
号。笔者认为，其应用过程中与其自身的色彩有很大关系，红色是一
种视觉上醒目、刺激性较强的色彩，而在伦敦等历史悠久的老城区
中，这种色彩很容易从环境中显现出来，与周围形成色彩上的强对
比，尤其是其在街道上的连续性分布，产生视觉累积效应。因此很容
易给人留下深刻印象，这也成为很多游览过伦敦游客的一种记忆符号。

图 6 - 25　英国伦敦街头的红色电话亭

四　人性化的关注

城市街道设施的整合为城市旅游形象的塑造提供了一种新的塑造
手法，城市旅游形象并不一定要通过修建一些大广场、标志建筑、主
题公园才能得到推广，设施的整合相对投入较少，能迅速对城市旅游
形象的改善产生效果，加之其与人—使用者之间的密切关系，更使其
成为城市环境改造、形象提升过程中的重要手段。设施的改善能直接
地体现对城市居民和游客的关怀，体现对社会各阶层人的平等关注。
如 2004 年，武汉市投入 40 多万元建起一座星级公厕，内有沙发、烘

干机、洗手液等"装备"，还配有价值万余元的 21 英寸液晶彩电，供人"方便"时欣赏。据悉，这类奢华公厕在该市正在渐渐增多，其设施、装修直逼高级宾馆，造价则高达 40 万—70 万元。而一座普通公厕，造价仅 20 万元左右。该市有关领导表示："花重金改建、新建一批星级公厕，使之成为街头一景，可极大提升城市旅游形象。"而市民则认为拿几十万元建一座星级厕所，不如多建几座普通厕所，解决大部分人如厕难的"量"的问题。上面提到的星级公厕也可以算是设施的整合，但这种整合却违背了真正以人为本的原则，只能引起市民的不满和反感。

城市街道设施的整合化设计提供了新的信息化产品诞生的可能，如指示信息系统，采用智能化的语音、视频等功能给人们带来方便，也会使城市展现出良好的形象。如图 6 – 26 所示，该信号灯为触摸式人行信号灯，同时增加了时间提示和语音提示功能，充分体现了对包括残疾人在内所有使用者的人性化的关怀。

图 6 – 26　人性化的触摸式人行信号灯

现在已经在一些城市中使用的"聪明路灯"采用GPS卫星定位系统来帮助计算本地日出日落的准确时间，天黑时，及时遥控开灯；这套系统中还配有光控仪和时控仪，当光明到来时，自动关灯，从而达到节能、便民的目的。该系统的另一"聪明"之处在于，当路灯不亮时，可以迅速把信息反馈到中央控制室，调度人员第一时间派人去现场维修，改变了以往靠人工巡查的状况，减轻管理部门的工作负担，降低人员的消耗，提高了路灯管理部门的工作效率。

随着信息化社会的来临，科技的飞速发展也使街道设施发生了根本性的变化，不过，无论如何发展，设施对人的关怀是永恒不变的。

第八节　街道设施整合化设计评价

对城市街道设施整合化设计的评价，评价者应包括所有的参与者和使用者：政府、规划和管理部门、投资开发商、设计人员如规划师、建筑师、城市设计师、景观建筑师、雕塑家、使用部门和不同层次的使用者等。评价的主体不同，原则和出发点就有显著的差别。如经营管理者多从经济效益方面进行评判，其他如设计专家和一般公众等的评价也各有侧重。城市街道是与人相关的多种元素组合成的一个综合系统，对人的影响作用也是综合的结果。这就要求对于街道设施的评价应采用一种全面的、系统的、较为精确的系统化评价方法。但是实践中，由于存在的多种影响和问题，使得能够在各方面都有良好效果设计显得十分难得。

一　系统评价方法

城市街道设施作为城市街道空间系统的一部分，其设计建设以及评价不能也不应该脱离城市和街道的整体规划。一个合适有效的评价方法必须是系统性地涵盖了多个层次和多方面的标准体系。其目标是社会、环境、经济效益的优化统一。评价要选择适当的方法来收集有用的信息。一般评价有两种类别，即直观评价和逻辑评价。直观评价也称经验式评价，其结果易受主观因素影响，具有模糊性；逻辑评价是一种理性的评价过程，它主要对构成整体的各要素间的关系进行权衡、确定主次，并进行精确的定量化分析，从而做出最后的判断。

系统性评价首先要建立评价结构模型，即将总体的评价分解为若干基本的评价要素指标，再确定要素指标间的关系，即层次、比例（权重）关系，然后再对各要素进行分析和定量化取值，例如，商业步行街注重对人的以商业购物为吸引力和由此决定的经济效果；生活性街道空间侧重于它给城市带来的社会效益和环境效益等。

二　评价重点指标

评价指标可概括为两种类型：一是可度量指标，二是不可度量指标，可度量的指标指那些可以用数值进行评判和衡量的因素，如用高度，数量指标、环境物理指标等。

不可度量指标指无法进行精确数字测量的因素，主要取决于人的主观价值的一些标准，如环境景观效果、历史文化与人文价值等。不可度量指标由于在量上很难界定，受决策者的主观影响很大。

可度量指标与不可度量指标相结合，可度量指标多属控制指标，不可度量指标多是引导性的，但也可通过控制强化其某些性质（如亲近性可通过控制街道环境中街道设施的数量，可识别性可通过控制交通指认标志布置等）获得，评价指标应尽可能全面，又要避免指标重叠，应该针对不同功能侧重的公共空间，确定不同的评价指标。

美国城市系统研究和工程公司（USRE）的视觉环境评价标准（与环境相适应、表达可识别性、可人性和方位、行为的支持、视景、自然要素、视觉舒适、维护），不列颠百科全书的城市设计标准（格局清晰、环境容量、含义、多样性、选择性、环境特性、感知保证、活动方便、灵活性）及凯文·林奇的观点（生机、感知、配合、亲切性、控制），对这些评价标准进行综合，大致涉及以下几个方面：

（1）亲近性：指城市街道格局的清晰与方便和便于人们使用的程度。设计要素包括城市街道空间内街道设施小品、照明、绿化等的设计与配置及行人优先通行权的考虑等。

（2）视觉趣味：指城市街道环境的美学品质给人的视觉体验，评价因素有尺度、比例、韵律、和谐等。

（3）可识别性：指城市街道环境的方位感与指认感，评价因素有：依据特殊的形式、活动或熟悉程度造成的"自明性"，指环境表明自身功能的性质和场所感。

（4）活力：强调"街道生活"以及街道环境中的运动感与兴奋感，考虑以道路交通环境作为场所的"可见结构"及人们的活动方式。设计中特别关心的问题包括空间的功能、大小与位置及与活动相应的设施等。

（5）成本：指设施的投资成本和运营维护成本。

三　系统评价指标赋分

在加拿大温哥华基础道路建设方案评估中运用了"打分法"，由高级规划师、建筑师、交通规划专家以及由该规划和工程局的官员组成的专家小组进行打分。对于街道设施而言，可以运用系统评价参考其中的权重进行赋分评价，以求得比较合理的街道设施整合化后的系统评价分数（见表6-2）。

表6-2　　　　　　　　街道设施整合化设计系统评价

评价指标	评价因素	所占分数
亲近性	人体工程学的运用	5
	便于人们使用	10
	设施人性化配置	8
视觉趣味	设施本身的视觉效果	6
	设施外部的视觉效果	6
	设施设计造成的视觉不适感	5
可识别性	对历史名胜的影响	6
	对城市文化的诠释	10
	区域性与民族性	8
	与街道沿线建筑的协调性	6
活力	设施安全性的考量	7
	在娱乐和景观方面的潜力	6
	污染（噪声、烟雾等）	5
成本	投资成本	6
	设施的运营成本	6
总　　　计		100

第七章 以龙口市徐福街道设施整合化设计为例

2005 年龙口市启动城市总体规划编制工作，2008 年 5 月完成《龙口市城乡总体规划》编制，2011 年 8 月山东省政府以正式文件对龙口市城市总体规划批复，确定龙口市城市性质为山东半岛蓝色经济区现代化港口城市和能源基地，明确了龙口市城乡近、远期发展的基本框架。在此基础上陆续完成了《山东省龙口市域村镇体系规划》、《龙口市新型农村社区建设规划》、《龙口市城市绿地系统规划》、《龙口市城市公共基础设施专项规划》等一系列规划，龙口市徐福街道设施规划设计正是龙口城市公共基础设施建设的重要组成部分。

第一节 城市街道设施整合化设计思路

一 "全局性"的综合设计观

基于城市旅游形象提升的城市街道设施设计，应树立"城市品牌—城市旅游形象—城市空间—城市街道设施"于一体的综合设计观。把城市放在全国乃至世界范围内进行形象定位，同时要考虑城市内部的区域差异，进行空间景观的地域组织和配套城市街道设施的设计开发，建立一个以城市旅游形象为核心的地域空间景观结构体系，形成既统一又有差异，既有一致的形象识别力，又有丰富多样的空间景观内容。

在城市旅游形象战略中，城市街道设施设计已不再是简单地研究休息座椅、花坛、车站、垃圾箱或信息牌的造型、材料或是摆放位置，而是如何通过这些城市街道设施来提高城市的整体文化形象，城市街道设施设计必须介入城市的整体形态，在设计中贯穿"全局性"。

街道设施种类繁多，粗略统计可达三十几项，如果没有"全局性"的考虑、统一规划、合理分类，就会显得杂乱无章，不能给人留下一个美好的整体印象。城市街道设施设计的"全局性"思路能够形成一个地区的概念和品牌，让人们能从中发现某些规律和共性，以推进城市整体形象的形成。

二 "主题性"的地域文化特色

城市地域文化是一个城市人民经过千百年的积淀，一点一滴形成的，记载了当地人民的奋斗历史、精神风貌和民风民俗，是当地所特有的，具有鲜明的个性。优秀的地域文化可以为城市旅游形象的塑造提供良好的基础。

城市街道设施的形象是一个城市社会文化、经济、技术发展以及不同地区的文化特征和气韵的体现。盲目地追求特色与个性，在造型、材质和色彩上做文章，以体现"古都风貌"或是追求"时尚现代"的城市旅游形象，由于缺乏坚实的历史文脉基础，城市旅游形象美则无法创造，结果常会出现一些空有其表、华而不实的设计，造成了许多城市的环境似曾相识，毫无特色。因此，基于城市旅游形象的城市街道设施设计注重地域文化的挖掘，确保城市旅游形象特色。确立文化性主题的造型方法可以避免城市街道设施设计盲目地随从技术等因素的制约，避免城市街道设施设计的趋同化，追求设计思想的主动性，以突出城市的鲜明特色，形成有内涵的城市街道设施。

城市街道设施的设计要有特定的主题，表达一定的思想内容，就必须呼唤人文精神，加大地域文化的挖掘，特别是要强化对一些古建筑、古民居、古园林和历史文化传统的保护，研究其造型、风格、色彩、空间尺度以及与周边环境的依存关系，研究城市人群生活方式及其变化，进而提炼出更为本质的生活模式，与城市街道设施的形态设计互动，从内涵上促进城市地域特色的表达，为人们所处的主题鲜明的户外生活空间服务。

三 "艺术性"的审美取向

城市街道设施的艺术性是其在精神层面上的追求，是"艺术生活化，生活艺术化"的体现。在当今世界，艺术走向大众、走向生活、走向社会，当代艺术开始越来越注重大众参与，让艺术积极地与人群的活动结合，反映出艺术与大众、艺术与社会关系的一种新的取向。城市的发展具有多样性、互动性、集中性，以及越来越被人们重视的人文性，城市街道设施的设计要满足城市发展的需要，就要面向社会、面向大众、面向当代，要关怀社会的价值取向，承担社会责任。它不仅仅是单纯地展示"美"，或是表现"艺术"，更多的应该服务于大众。

城市街道设施是构成城市环境的主要内容，城市街道设施虽然没有一座标志性建筑那么引人注目，但它对城市的居住者和使用者更具有直接的意义。当代城市街道设施的设计已经不能单纯地局限于满足功能的要求，而更要注重艺术品位以及与整体环境的结合。提高其整体的艺术性，可以加强景观环境的情境，塑造城市的视觉形象，使城市的公共空间成为人群活动焦点。同时也有助于体现出城市特有的人文精神和艺术涵养，提高一座城市的文化品位。

四　"人本性"的人文关怀

在提倡"以人为本"的当今社会，对人关怀，为人服务对于城市街道设施设计尤为重要。布局合理、设计周到的城市街道设施能使居民和游客切身体会到来自城市建设者和管理者的无微不至的关怀和人性化的服务，从而赋予该城市与众不同的都市形象和魅力及亲和力。

以人为本的城市街道设施设计体现了当代城市的文明程度，对于营造良好的城市环境具有极大的促进作用。以人为本的城市街道设施设计是最大限度地调整和完善人与物的组合关系，所以必须根据不同的场所、不同的使用对象、不同的城市文化，综合考虑各种影响因素的相互作用，努力创造一种人与人、人与社区、人与技术、人与自然环境以及人的内在身心之间的和谐关系，高扬审美的生活方式，体现对人关心，统一完善的用途呈现其功能面貌，以独特的形式引起人们对该城市环境的关注，让人感受到物质功能以外的精神享受。除了关注形式、材料与风格外，也同样要考虑人的舒适程度。要利用人体工程学和行为学，设计符合场所的尺度和造型。要使城市街道设施设计面向大众，体现对使用者接纳程度上充分的开放性，就需要了解人们在一些环境下的行为特点、生活方式及各种需求，进行调查研究与信息的分析，然后有针对性的设计。

如必须对老年人、儿童、青年、残疾人等不同的行为方式、心理状况、活动特性加以研究，注重人与城市街道设施的互动过程，加强对人的行为方式的尊重，才能唤起公众对街道设施的爱护与珍惜。

五 "开放性"的设计程序

开放性的设计程序是指向公众敞开的参与性和具有反馈机制的设计过程。由于城市空间的构成元素和作用因素复杂，要求从规划设计层面建立一个由众多工程师、科学家、社会学家、政府和市民共同参与的设计集群。其中，设计师在设计过程中是参与者、组织者和协调者，其工作不但是提出构想、选择设计方案，还应对设计思想进行宣传、交流和贯彻实施。

参与性设计建立在设计者与市民以及管理部门之间相互协作、制约的基础上，要求参与建设方之间，通过沟通、对话来协调矛盾和利益冲突，从而减少由个别领导取代专家制定方案的所谓"长官意志"的不正常现象，也避免了由设计师个人片面设计公众生活的窘况。在建设过程中，决策需要公开化、增加透明度。在建设完成后，还应把公众的意见反馈到管理和其他建设中去，以保持它的不断发展。为了提高公众参与城市空间设计的热情，应该发挥设计师在公众参与中所扮演的角色。加强宣传，激发公众参与设计的愿望和责任。建立常设展示场所，在宣传的同时吸纳公众的意见和建议。从长远眼光来看，应该建立一整套支持公众参与的资金、教育、宣传、法律体系。

六 "科学性"的公共管理

从某种角度说，良好的街道设施管理，不仅可以延长城市街道设施的使用寿命，还可以提高市民的精神文明素质和现代化城市意识。因此，对于街道设施的维护和管理是我们需要重视的方面。

在城市街道设施的规划管理方面，发达国家有许多经验值得我们借鉴。以马来西亚的城市为例，他们从政府关注与市民参与两方面入手，从城市景观环境的整体高度上对城市街道设施给予了充分的重视。注重政府行为即政府积极地进行城市旅游形象的规划与控制，从城市景观调查入手（包括自然、历史、社会、道路、设施、景观类型、市民印象），对现有景观进行科学的分析评价，在此基础上确立城市发展的基本理念、目标和城市景观印象，并制订相应的景观基本计划（包括城市整体形象、轴线形象、各类型的景观形象等）和景观建设的方法、体制以及景观管理条例，使城市各地区的环境设计在一个总的理念下进行，给人一个整体的印象，也使城市的环境管理有法可依。在发布新的环境管理办法时，都要先在市民中征询意见，然后进行广泛的宣传，比如由政府机构派发宣传单、进行街头宣传等，以充分取得市民的理解和支持，使政府行为转化为市民的自觉行为。让市民主动参与到对街道设施的设计和维护中去。通过公用事业市场化，地方政府还可以在既定财政资源的条件下，扩大公用事业的规模，提供更多的公共服务、改进公共服务的质量，使市民获得更高品质的公共服务，进而改善政府形象和促进现代化城市新秩序的建立。

第二节　城市街道设施整合化设计流程和方法

　　城市街道设施既是一种工业产品，也是一种环境景观设施。因此，城市街道设施的设计不仅要体现出产品设计的规律和特点，还要考虑与周围环境的关系。

　　基于城市旅游形象提升的城市街道设施设计更是要从城市整体旅游形象的角度，发掘城市的地域文化特色，把它们融入设计当中。因此，经过调查和研究城市旅游形象和城市街道设施的关系，结合城市街道设施自身的设计原则，总结出基于城市旅游形象提升的城市街道设施设计流程可以分为市场调研、综合分析、方案设计、方案评估、方案实施、后期维护六个步骤。

一　市场调研

　　在城市街道设施设计的立项阶段，首先要明确设计任务，了解并掌握各种有关城市街道设施的计划和目标。通过相关资料条件的收集，或以调研的形式了解城市公共空间中人们的需求和特性，考虑它们的使用特点，对现场环境实地勘察，了解空间环境的性质、功能特点等。

（一）对环境场地进行考察

对环境场地进行考察包括对城市街道设施所处场地的地理环境、建筑环境、气候特点及温度、湿度等自然特点进行详细的调查，并依靠工具，借助技术手段等资料信息，具体地对用地、人口、交通、环境结构、空间模式等进行全面的调查分析，从而得到具体的分析数据，进行切合实际的街道座具设计。

（二）对使用者进行调查

通过观察其行为特点，直接以对话访问或问卷调查的形式对城市公众进行调查，通过了解他们的生活方式、生活水平、社会交往习惯、社会网络状态、个人偏好等，逐步搞清他们对于城市公共空间环境和城市街道设施的需求。

（三）对地区文化进行调研

通过对城市的地域文化、历史积淀、民族传统、经济和文化发展状况方面的考察，了解城市中的人在精神和文化上的追求。

二　综合分析

将通过各种渠道收集来的信息和资料进行整理和分析，归纳出详细的有针对性信息，对信息进行归纳和比较，提出城市街道设施设计中主要解决的问题。

在综合产品、环境、文化三大要素时，针对所提出的问题组织和策划设计方案，提供设计的理论依据，找到解决问题的基本方向。

三　方案设计

（一）概念阶段

概念设计是对城市街道设施整体的设计理念和宗旨进行设定的过程。涉及街道座具相关的功能性、构造和材料以及形状等问题，在概念化阶段都要做出总体的说明。

（二）具体阶段

在概念设计的基础上，方案设计要对城市街道设施进行具体的设计定位。通过对创造出的城市街道设施的造型、功能、艺术性、可行性、原创性等进一步研究和论证，解决城市街道设施的安全性、美观性、舒适性、地域性和文化性等问题。

（三）深化阶段

深化阶段主要解决城市街道设施设计方案中相关材料、施工方法、结构等问题。将方案深化成系统的图纸，确立设计对象的尺度关系，确定其材料、生产及安装方法，进一步完善设计方案。

四　方案评估

采取内部讨论、专家论证、在小范围内做实验、让广大市民参与评选调查等多种方式对城市街道设施进行功能性、艺术性、经济性、环境性等方面进行全面论证和评价，在众多方案中选出最优方案。

五　方案实施

在城市街道设施的方案确定以后，就要用实物的形式来实现。在实施的过程中，会遇到许多问题，需要不断地与各方面的工作部门进行沟通。在坚持自己设计原则的基础上，对设计进行适当的调整，及时解决问题。

六　后期维护

设计施工结束以后，设计工作并不是全部结束了，还需要收集城市街道设施的使用情况、市民评价、经济效益等信息的反馈，总结设计工作中的经验和教训。

此外，还要建立适宜的城市街道设施经营和维护管理机制，负责城市街道设施的维护和保养工作。

无论是城市街道设施设计还是城市旅游形象的塑造都不仅仅是城市建设者和设计者的工作，它们需要广大社会的共同参与。城市街道设施最终是服务于城市，服务于大众的，要提升城市街道设施的品位，打造城市旅游形象就必须把握这两点方向。

第三节　龙口市街道设施规划基本要求

一　相关专业术语

（一）公共设施带

公共设施带指宽度大于 3 米的人行道，其路沿缘石内 1.5 米范围为设置公共设施的特定区域。

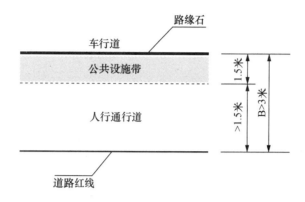

图7-1　城市街道公共设施带示意图

（二）路口人行带

路口人行带指道路拐角处圆角范围内人行道及距圆角弧线切点外10米范围内的人行道。

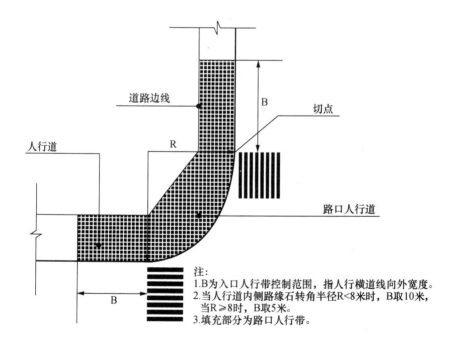

注：
1. B为入口人行带控制范围，指人行横道线向外宽度。
2. 当人行道内侧路缘石转角半径R＜8米时，B取10米，当R≥8时，B取5米。
3. 填充部分为路口人行带。

图7-2　城市街道路口人行带示意

（三）人行通行带

人行通行带指道路红线与公共设施带之间供行人通行的区域，包括盲道与无障碍通道。

二　基本要求

（1）人行道上设置的街道设施应确保行人通行时安全顺畅；街道设施应与人行道的新建、改建、扩建及大修工程同步规划、设置；人行通行带宽度不应小于 1.5 米，街道设施带宽度不应超过 2 米；宽度在 2—3 米的人行通行带除必要的交通设施（路灯杆、交通标志杆、消火栓等）外不应设置城市街道设施；路口人行带除必要的交通设施和废物箱外不应设置城市街道设施。

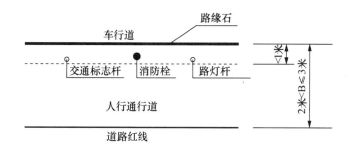

图 7 - 3　街道交通设施设置示意（一）

（2）宽度小于 2 米的人行通行带，确需设置交通标志杆（路灯杆、交通标志杆、消火栓等）的，应保证留有 1 米以上的行人通道；盲道及盲道两侧各 0.25 米人行道空间内不应设置街道设施。

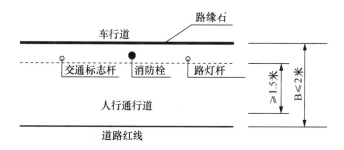

图 7 - 4　街道交通设施设置示意（二）

（3）公共设施带内的街道设施，外缘不应越出设施带范围，街道设施的外廓距路缘石外沿的最小距离为 0.25 米，街道设施的高度不应大于 3.5 米，周边应留出合理的使用空间。

（4）对于人流密度大的区域，特别是交通枢纽、商业街区、旅游景点、大型文化体育设施等场所周边人行道上设置的街道设施的密度可适当加大。城市街道设施的设置不能阻挡街道交通的视线，要根据使用情况合理设施间距。

（5）城市街道设施与街道周边环境要进行有效整合，以达到协调统一的要求。

（6）街道设施的造型与风格应与周围环境相协调，街道设施的色彩选择应符合龙口市城市色彩规划的要求。

第四节　龙口市城市街道设施分项设计要求

龙口市街道设施分项设计包含了街道信息设施系统、街道卫生设施系统、街道休闲服务设施系统、街道交通服务设施系统、街道美化环境设施系统等内容。

一　街道信息设施系统

街道信息设施系统主要包括公共电话亭、交通导向牌、邮政信箱等设施。

（一）公共电话亭

公共电话亭应保障人们在通信、交流时的便捷性和方便性，保证有足够的使用空间。在设置通信设施的同时，宜设置广告及照明设施；有条件的增设信息化设施，使公用电话亭成为未来城市信息的集散地；电话亭造型应力求简洁大方，富于现代感。

对于宽度大于 3 米的人行道，宜在公共设施带内设置电话亭；宽度在 2—3 米的人行道，宜设置敞开式单机型电话；2 米以下的人行道不宜设置公共电话；一般道路人行道上电话亭同侧设置间隔不应小于 500 米；同时还应适当考虑儿童及残障人士的使用需求。电话亭材料宜选用不锈钢、玻璃、有机玻璃板、阳光板等耐气候变化性能好、耐

腐蚀性好并且易于清洁的材料材质；要充分考虑在人口密集区和人口
稀疏区域电话亭的设置间距。

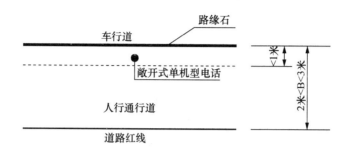

图 7 - 5 公共电话亭示意

（二）交通导向牌

交通导向牌是为行人提供道路、建筑、设施分布信息的设施，书
写内容部分应以配色醒目为原则，使城市交通标识具有系统性；交通
导向牌宜设置在各个道路路口的圆角弧线切点上，外廓距路缘石外沿
的距离为 0.3 米；交通导向牌可以利用杆柱式结构多层多方向设置，
建议与其他多媒体信息设施相结合，体现功能性的原则。

交通导向牌建议以城市的行政区划为类别使用不同的底板色彩，
增强区域感与装饰性，但字体与框架色必须统一；交通导向牌材料宜
选用钢管、钢板烤漆、穿孔钢板等材料；交通密集区和人口密集区要
重点设置交通导向牌。

（三）邮政信箱

邮政信箱设置位置应符合《邮政信筒信箱设置与开取组织管理办法》
的规定；同侧信箱设置间距不应小于 500 米。直方体型信筒尺寸为 800 毫
米×550 毫米×1500 毫米，圆柱体型信筒尺寸为 600 毫米×1700 毫米。

二 街道卫生设施系统

街道信息设施系统主要包括垃圾箱、移动公厕、公共饮水器等
设施。

（一）垃圾箱

垃圾箱宜沿人行道设置，同侧宜间隔每 100 米设置一个；商业、

金融、服务业街道等人流密度大的地区的人行道，则每 30—50 米设置一个；每个公交车站应至少配置一个垃圾箱。

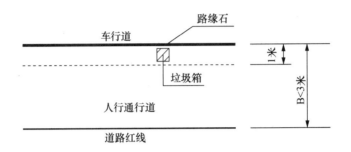

图 7-6　垃圾箱设置示意

垃圾箱箱体高度应在 0.8—1.1 米，颜色应以城市标准色系搭配其他垃圾投放标示色为主，材料宜选用钢板烤漆以及 PE 环保材料。垃圾箱设计还应考虑防风防雨以及垃圾的分类投放。

（二）移动公厕

移动公厕宜设置在道路红线外的街头绿地、广场的场地边缘。距人行天桥、人行地道出入口 15 米、距轨道交通站点的出入口 10 米范围内的人行道不得设置移动公厕。移动公厕的颜色应符合龙口市城市标准色彩规划的要求。

（三）公共饮水器

公共饮水器宜统一购买成品，材质宜选用不锈钢、浅色石材等。

三　街道休闲服务设施系统

街道休闲服务设施系统主要包括座椅、报刊亭（书报亭）、阅报栏、健身设施等。

（一）座椅

街道设施中的座椅是为行人提供休憩的设施，设计应因地制宜，提供单人、双人以及三人以上的休息空间，设计时要注意座椅使用的舒适性；宽度小于 5 米的人行道不应设置座椅；普通座椅座面高度为 38—40 厘米，座面宽为 40—45 厘米，标准长度为 2 人椅 1.2 米，3 人椅 1.8 米；座椅材料应主要以 PE 环保材料、金属、混凝土、石材、木材为主。

（二）报刊亭（书报亭）

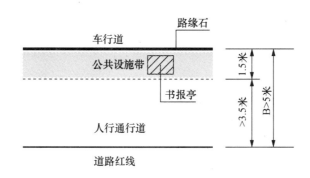

图7-7　报刊亭（书报亭）示意

报刊亭（书报亭）应该设置在道路宽度在5米以上的人行道上，以方便阅读，出于安全考虑，在重要的交通出入口和疏散口15米内的人行道上不应设置报刊亭，报刊亭的占地面积控制在5平方米以内。

（三）阅报栏

阅报栏一般设置于较为宽敞的城市公共空间，如广场、街头绿地周边等；阅报栏两侧应至少各预留3米的活动空间；宽度小于3米的人行道不应设置阅报栏；宽度大于3米的人行道，确无条件设置在道路红线外的，建议设置于公共设施带内；阅报栏设置的高度不应大于3.5米，颜色与周边环境相协调，材料宜选用混凝土、钢板、玻璃等；阅报栏设计应预留信息端口，为将来实现电子信息提供条件。

（四）健身设施

城市公共空间中健身设施宜设置于街头绿地，款式不要求统一，色彩符合龙口市城市标准色彩规划的要求即可。

四　街道交通服务设施系统

街道交通服务设施系统主要包括公交车站、公共自行车站、自行车存车架等设施。

（一）公交车站

公交车站包括站牌、公交候车亭以及安全护栏；设计应充分考虑行人的人流量以及遮风避雨、短暂停留的需要，公交站牌宜多面设计，增加电子信息栏以及旅游地图以便行人的等待以及查阅的需求。

设置候车亭的车站，公交站牌应设置在候车亭两侧，标识面面向候车亭垂直于行车道，未设置候车亭的车站，公交站牌应设置在站台停车方向的前方，标识面垂直于行车道，公交站牌的最外边距路缘石外沿不宜小于0.4米。

公交候车亭设置应满足通透性要求，并根据客流量确定公交候车亭规格和尺寸；将公交候车亭设置于人行道上时，应保证至少留有1.5米的通行带，宽度小于3米的人行道不宜设置公交车候车亭，确需设置公交站点的，应设置杆状公交站牌，公交候车亭高度不应大于3.5米，色彩选择应符合城市色彩规划的要求，材料宜选用钢管、钢板、玻璃等，安全护栏的设置应平行于路缘石外沿，护栏距路缘石外沿不宜小于0.25米，护栏高度不宜超过1.3米。

（二）公共自行车站

公共自行车站是为市民提供便民自行车存取点的设施，还应根据城市的发展需要拓展其他的服务功能，公共自行车站的高度不应大于3.5米，色彩选择应符合龙口市城市色彩规划的要求。

人行道上的便民自行车存车架应靠人行道外侧单排设置，宽度小于3.5米的人行道不宜设置存车架；宽度小于5米的人行道不应设置自行车站围栏，存车架的设置应保证自行车车身放置不超过路缘石外沿，建造公共自行车站宜采用钢结构。

（三）自行车存车架

自行车存车架的设置应与道路、交通组织和市容管理要求相适应，宽度小于3米的人行道不应设置自行车存车架，确需设置的则应保证至少留有1.5米的通行带，自行车存车架的设置应保证自行车车身放置不超过路缘石外沿，自行车存车架高度不应超过0.8米，制造存车架宜选用钢结构。

五 街道美化环境设施系统

街道美化环境设施系统主要包括街道围墙以及艺术景观设施等内容。

（一）围墙

龙口市沿街围墙高度宜在 0.8—2.2 米，安防要求高的单位可以提高至 3 米，建议沿街单位或建筑周边不设围墙；围墙要充分考虑通透因素，建议采用透景围墙，通透围墙内、外侧均宜增设绿篱，以增加街道绿化景观。邻街里巷及楼体间需要设置的实体围墙，高度不应大于 2.5 米；属于龙口市以及附属绿地不易进行大范围设置，应设计围墙的城市绿地宜采用透空花墙或围栏，其高度宜在 0.8—2.2 米；附属绿地宜采用通透式为主，宜结合绿化设置围墙。

有条件的沿街各类建筑物、构筑物外立面、围栏等应做垂直绿化，道路两侧挡墙和围墙应采用垂直绿化进行遮挡，根据各地气候条件，建议选用适合本地域环境气候的植物作为围墙绿化植物。

工地施工围挡应按照建筑施工规范执行，围挡高度为 2.5 米，材质宜采用定型装配式或砌体材料；整体色彩以城市标准色系为主，围挡外侧与道路衔接处应采用绿化或者硬化铺装措施；有条件的工地外侧应设置宽度不小于 1 米的绿带，无法设置绿带的围挡则应饰以绿色生态的景观；工地施工围挡不得设置广告。

（二）艺术景观设施

艺术景观设施包含设置在城市公共空间中的作为视觉焦点的雕塑类艺术小品及其配套设施。艺术景观设施宜设置于较为宽敞的城市公共空间，如广场、街头绿地周边，周边应留出合适的空间以供行人停留与观赏，艺术景观设施的尺度及色彩应因地制宜，与环境相协调。

第五节　龙口市徐福街道设施整合化设计

一　设计背景

龙口市徐福街道原为徐福镇，是古代秦朝方士徐福的故里，目前龙口市建有徐公祠，占地约 6600 平方米。徐福是中国古代对外交往交流的重要使者，徐福因两千多年前东渡为秦始皇取"长生不老"仙丹而成为千古传说，形成了独具特色的徐福文化。2012 年"徐福文化"被列入第二批山东省级非物质文化遗产名录（编号I—22）。徐福文化是龙口市独具特色的人文资源，自20世纪末就成立了徐福研究会，每年都会举办徐福文化周，如中国与韩国、日本徐福文化学术交流研讨会等活动，并将此活动延伸到其他领域，以徐福文化为载体，进一步挖掘徐福文化资源，扩大龙口市影响力，为进一步加强与韩国、日本经济、文化间交流与合作搭建了平台。

图7-8 徐福博物馆外景

龙口市徐福街道设施设计以《龙口市城乡总体规划》、《山东省龙口市域村镇体系规划》以及《龙口市城市公共基础设施专项规划》等文件为依据，体现龙口精神、挖掘徐福文化内涵，开展调研和设计工作。

二 设计构思

为体现城市精神和徐福文化内涵，在充分设计调研分析的基础上，凝练设计元素与符号，并将街道设施进行视觉符号统一、色彩统一、尺度统一等街道设施进行整合化设计，以期传达良好的街道形象，最终达到及强化城市旅游形象的目的。

本设计提炼的设计元素主要来源于徐福博物馆的建筑结构和材料，以及博物馆展示的求仙炼丹的丹炉等器物，用以传达徐福街道特有的文化形象。徐福镇改建徐福街道后，对所辖区的街道进行了全面整治或更新，由于街道设施涉及的范畴比较广泛，种类繁多，本章仅就前面提到的街道信息设施、街道卫生设施、街道休闲服务设施、街道交通服务设施、街道美化环境设施五个方面各选区部分设计方案进行表达街道设施系统设计。

三　徐福街道信息设施设计

（一）公共电话亭

电话亭的顶部采用徐公祠建筑的屋顶结构样式，选用木质防水材料，既可以遮挡视线保护隐私，又有古典建筑的自然元素。放置电话的周围挡板采用镂空的花纹，配以炼丹炉浅浮雕装饰，体现徐福街道独特的文化氛围。

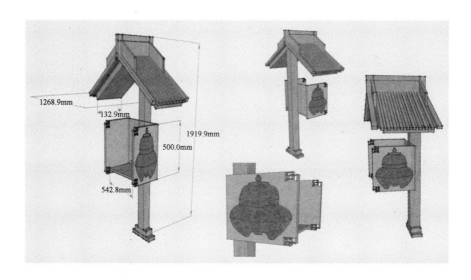

图 7-9　徐福街道设施——公共电话亭设计方案

（二）邮政信箱

邮政信箱沿用了徐福街道统一的设计元素，木质的顶部建筑结构，在邮筒设计上采用了中国邮政标准绿色，配以炼丹炉的纹饰，保持了徐福街道设施设计的一致性、整体性和连续性。

图 7 - 10 徐福街道设施——邮政信箱设计方案

(三) 导示牌

导示牌主要用于标识街道位置新型，其设计沿用了本次设计方案的传统元素，在材质上和设计要素上与整个街道相协调，以传达统一的街道形象。

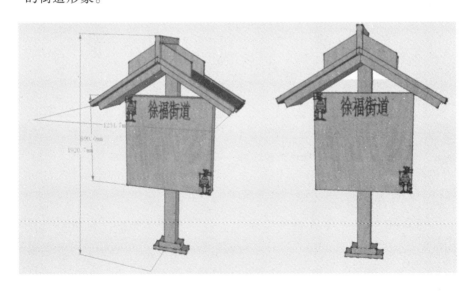

图 7 - 11 徐福街道设施——导示牌设计方案

四　徐福街道卫生设施设计

徐福街道卫生设施重点考虑设计垃圾桶，垃圾桶在街道上属于重要的基础设施，徐福街道垃圾桶沿用了一贯的设计元素，木质的垃圾桶顶部，底部主体结构采用炼丹炉形象，既有古色古香的味道，又保持了街道设施作品设计的统一性。

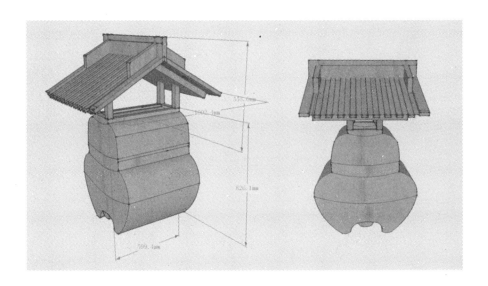

图 7 - 12　徐福街道设施——垃圾桶设计方案

五　徐福街道休闲设施设计

（一）休闲座椅

简洁、大方的休闲座椅，放在候车亭或者路边广场，都是百搭款，座椅的长度可以根据需要增减或者组合，灵活多变。座椅的木质材质，加上上方的丹炉纹样，既装饰了座椅，又让简单的设计摇身一变，点题统一，符合徐福文化的味道。

（二）阅报栏（宣传栏）

阅报栏（宣传栏）设置于较为宽敞的街道公共设施带内，色彩、材质保持了街道设施的一致性，可以单独使用，也可以群组使用。

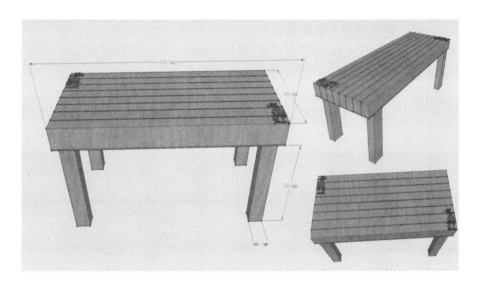

图 7 – 13 徐福街道设施——休闲座椅设计方案

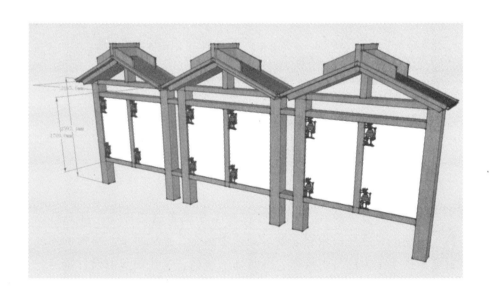

图 7 – 14 徐福街道设施——阅报栏（宣传栏）设计方案

六 徐福街道交通服务设施设计

交通服务设施涵盖了与交通相关的多种公共设施，包括公交候车亭、路障、消防设施、照明设施、无障碍设施、自行车停放设施等，

对其设计要进行综合考虑，结合徐福街道设施设计元素进行整体统一
协调设计。

图 7－15　徐福街道设施——公交候车亭设计方案

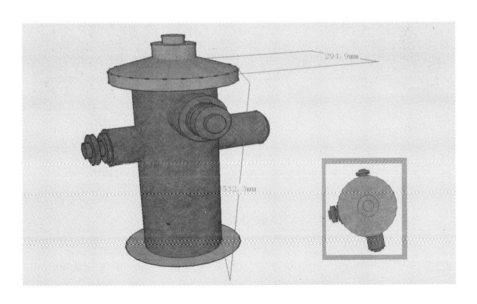

图 7－16　徐福街道设施——消火栓外观设计方案

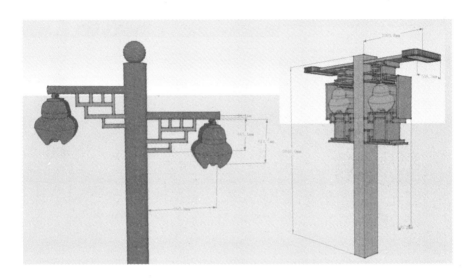

图 7 - 17　徐福街道设施——路灯设计方案

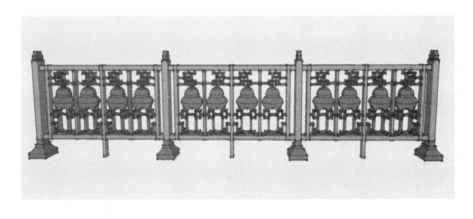

图 7 - 18　徐福街道设施——道路分隔设施设计方案

七　徐福街道美化环境设施设计

以木质材质和丹炉形象改良设计的树池和管道井盖，既对街道环境进行了统一装饰，又与整个设计方案相协调，进一步强化徐福文化和徐福街道形象。

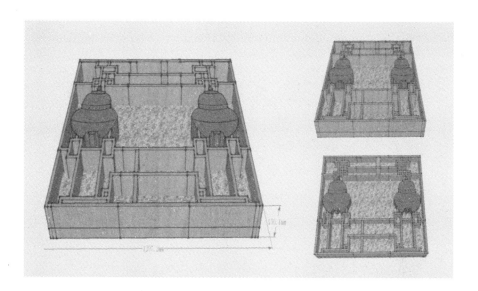

图 7 - 19 徐福街道设施——树池设计方案

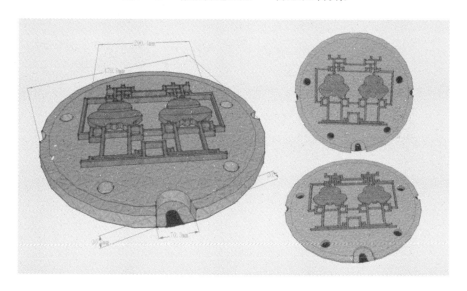

图 7 - 20 徐福街道设施——管道井盖设计方案

运用城市街道设施整合化设计策略对龙口市徐福街道设施进行整合化设计，可以使无序的街道设施形成一定的秩序感、整体性和视觉累积效应，可以充分展示徐福街道的文脉传承和龙口市的文化特色，进一步强化龙口市城市旅游形象与可识别性。

图7-21　徐福街道设施组合设计方案（节选）

图7-22　龙口市徐福街道设施设计方案（节选）

参考文献

1. ［美］凯文·林奇著：《城市意象》，方益萍、何晓军译，华夏出版社2003年版。

2. ［德］鲁道夫·阿恩海姆著：《艺术与视知觉》，滕守尧、疆源译，四川人民出版社1998年版。

3. ［挪威］诺伯格·舒尔茨著：《场所精神》，施植明译，田园城市文化事业有限公司1995年版。

4. ［美］刘易斯·芒福德著：《城市文化》，郑时龄等译，中国建筑工业出版社2009年版。

5. 王晞：《城市旅游形象提升攻略》，中国社会科学出版社2008年版。

6. 伍海琳：《城市旅游形象策划与提升研究》，上海交通大学出版社2011年版。

7. 王洋、张平青：《街道设施与城市形象相关论》，中国商务出版社2015年版。

8. 吴良镛：《城市美的创造》，中国社会出版社1991年版。

9. ［日］芦原义信著：《街道的美学》，尹培桐译，百花文艺出版社2006年版。

10. ［丹麦］扬·盖尔著：《交往与空间》，何人可译，中国建筑工业出版社2002年版。

11. 吕文强：《城市形象设计》，东南大学出版社2002年版。

12. 张平青：《城市形象系统（CIS）结构论》，南京大学出版社2014年版。

13. 刘洋、朱钟炎：《通用设计应用》，机械工业出版社2010年版。

14. 黄群：《无障碍通用设计》，机械工业出版社2009年版。

15. ［英］戈德史密斯著：《普遍适用性设计》，董强、郝晓赛译，知识产权出版社 2002 年版。

16. 张海林、董雅：《城市空间元素——公共环境设计》，中国建筑工业出版社 2007 年版。

17. 冯信群：《公共环境设施设计》，东华大学出版社 2010 年版。

18. ［日］画报社编辑部：《街道家具》，唐建译，辽宁科学技术出版社 2003 年版。

19. 张鸿雁：《中外城市形象比较的社会学研究》，东南大学出版社 2002 年版。

20. 李维立：《身边的艺术：英国公共设施的形与色》，百花文艺出版社 2008 年版。

21. ［美］马斯洛著：《动机与人格》，许金声等译，华夏出版社 1987 年版。

22. ［德］考夫卡著：《格式塔心理学原理》，黎炜译，浙江教育出版社 1997 年版。

23. 过伟敏：《城市景观形象的视觉设计》，东南大学出版社 2005 年版。

24. 张海林、董雅：《城市空间元素公共环境设施设计》，中国建筑工业出版社 2007 年版。

25. 王响、王著著：《城市环境设施设计》，上海人民美术出版社 2006 年版。

26. 冯信群：《公共环境设施设计》，东华大学出版社 2006 年版。

27. 彭军、张品：《欧洲、日本公共环境景观》，中国水利水电出版社 2005 年版。

28. ［英］克利夫·芒福汀：《街道与广场》，张永刚、陆卫东译，中国建筑工业出版社 2004 年版。

29. 王中：《公共艺术概论》，北京大学出版社 2007 年版。

30. 付宝华：《城市主题文化与特色城市构建》，中国经济出版社 2007 年版。

31. 刘滨谊：《城市道路景观规划设计》，东南大学出版社 2002 年版。

32. ［日］土木学会：《道路景观设计》，章俊华、陆伟、雷云译，中国建筑工业出版社 2003 年版。

33. 倪勇、周小儒编著：《企业形象设计》，化学工业出版社 2008 年版。

34. 程金龙：《城市旅游形象感知研究》，硕士学位论文，河南大学，2011 年。

35. 朱洪端：《城市旅游形象系统的构建及实证研究》，硕士学位论文，郑州大学，2013 年。

36. 张小燕：《现代城市公共设施中的人性化设计研究》，硕士学位论文，山东轻工业学院，2009 年。

37. 杨叶红：《"城市家具"——城市公共设施设计研究》，硕士学位论文，西南交通大学，2007 年。

38. 吴红霞：《城市旅游形象提升系统研究》，硕士学位论文，重庆师范大学，2009 年。

39. 赫瑞娜：《城市旅游目的地形象的定位研究》，硕士学位论文，华南理工大学，2011 年。

40. 陈贝贝：《城市旅游形象设计研究》，硕士学位论文，西南科技大学，2008 年。

41. 邓定：《论城市形象战略中的公共设施设计》，硕士学位论文，苏州大学，2007 年。

42. 王鑫：《结合城市 CI 对城市景观家具的地域性创作研究》，硕士学位论文，西安建筑科技大学，2007 年。

43. 易涛：《城市公共设施与城市形象相关性研究》，硕士学位论文，中南林业科技大学，2010 年。

44. 程新宇：《现代城市街道设施系统化设计与管理》，硕士学位论文，哈尔滨工业大学，2005 年。

45. 陈宇：《城市街道景观设计文化研究》，硕士学位论文，东南大学，2006 年。

46. 程金龙、王发曾：《旅游形象的影响因素与塑造策略》，《经济地理》2009 年第 10 期。

47. 朱洪端：《基于系统论的城市旅游形象构建研究》，《旅游纵览月刊》2015 年第 3 期。

48. 徐小波、刘滨谊等:《中国旅游城市形象感知特征与分异》,《地理研究》2015 年第 7 期。

49. 傅游磊:《浅谈公共设施设计对城市形象的影响》,《艺术与设计》2010 年第 12 期。

50. 李虹:《城市街道设施的设计原则》,《网友世界》2013 年第 22 期。

51. 吴昊:《德国公共设施设计理念探讨》,《艺术与设计》2010 年第 2 期。

52. 张帆:《日本公共设施的人性化设计研究》,《艺术与设计》2010 年第 2 期。

53. 林佳梁、李彬彬、罗西锋:《城市文化导向下的城市公共设施设计》,《郑州轻工业学院学报》(社会科学版)2007 年第 4 期。

54. 王璐芳、李纶:《城市家具与城市景观的共生》,《黑龙江科技信息》2009 年第 1 期。

55. 刘娜、吴章康:《略议城市家具设计》,《家具与室内装饰》2009 年第 1 期。

56. 郭伟生:《现代都市景观环境设计中的街道家具》,《装饰》2006 年第 3 期。

57. 卢晓梦:《城市家具设计与城市公共空间的关系》,《艺术与设计》2009 年第 5 期。

58. 杨厚和:《浅谈街道意象设计》,《华中建筑》2004 年第 1 期。

59. 李长春:《城市街道设施形象与识别系统设计》,《郑州轻工业学院学报》2003 年第 3 期。

60. 张海林、钟蕾:《城市街道设施形象设计》,《装饰》2003 年第 12 期。

61. Kevin Lynch, The Image of the City. New York: MIT Press Cognition and Environment: Functioning in Uncertain World, New York, 1960.

62. Jacobs J., The Death and Life of great American Cities. New York: New York Random House, 1961.

63. Steve Pile and Nigel Thrift (ed.), City a – z. London, New York: Routledge, 2000.

64. Urban Afairs（ed.），City Branding：Image Building and Building Images. Roterdam：Nai Uitgeversl Publishers，2002.

65. Clif. Moughtin etc.，Urban Design：Method and Techniques. Architectural Press，1999.

66. Kevin. Lynch，Managing the Sense of Region. Cambridge，Mass：The Massachusets Institute of Technology，1976.

67. Kevin Lynch，Reconsidering the Image of the City，in City Sense and City Design. Cambridge，Mass：The MIT Press，1995.